トシさんと死刑を考える

ヒツジと 脳死 を考える———————— 目次

はじめに　高橋和巳　007

第1章　ギロチンの黄昏
——アメリカ死刑論におけるミシェル・フーコー
鵜飼哲　029

第2章　ヴォルテール・ユゴーの死刑廃止論、そしてパスカル
——死刑について考える
江島泰子　071

第3章　ミルの死刑論とニーチェ
——有限性についての考察
梅田孝太　099

第4章　定言命法の裏帳簿
——カントの死刑論を読みこむ
増田一夫　127

第5章　ダイモーンを黙らせないために

——プラトンにおける「アリバイなき」死刑論の探求　　　郷原佳以　169

第6章　デリダと死刑廃止運動

——教祖の処刑の残虐性と異常性　　　石塚伸一　205

註記　第1章　vi　第2章　xii　第3章　xv　第4章　xviii　第5章　xx　第6章　xxiv

人名索引　i

装丁 : 三沢稜川 (neucitora)

はじめに

高桑和巳

　本書は、ジャック・デリダが一九九九─二〇〇〇年度におこなった講義の記録『死刑Ⅰ』の日本語訳（白水社、二〇一七年）刊行を承けて、死刑について、またデリダについて、あらためて考える場として構想されている。したがって本書は『死刑Ⅰ』とあわせてお読みいただくのが望ましい。

　ただし、本書の読者として想定されるのはデリダの仕事に興味をもつ人だけではない。死刑制度に賛成にせよ反対にせよ関心を寄せる人に──いや、死刑制度への関心が薄い人にも──広くお読みいただければと願っている（そもそもこれは『死刑Ⅰ』についても同様に言えることである）。

終段階に当該部分を除々に（州）国々へと当該地域内の大きな州（合衆国であれば各州、ヨーロッパであれば各国）において死刑存置国が存置国のままである（つまり、アメリカ合衆国、インド、アジアにおける死刑存置国は、人口がアジアに比べて十七ないし五十七倍強含め——死刑存置国における死刑人口がきわめて多い国であるにもかかわらず、不可逆的な移行による死刑存置国の国々の可逆的な移行によって（廃止に向けて）事実上執行を停止している国がいくつか——オーストラリア、中国）であり、これを（廃止に向けて）同は廃止へと達している。一方、同様な傾向を示している国々のうち、事実上は実質的にほぼヨーロッパと合衆国全体的な傾向は最も、アメリカと同様のものである死刑へ。

まず、日本における死刑存廃論（とくに廃止論）の困難について触れておこう。あるいは、日本における死刑存廃論（とくに廃止論）の困難の前提にあるのは、なぜ、本書は、日本における死刑存廃論（とくに廃止論）の困難をめぐって私たちが立ち会っている困難について論じるのか？それは、日本における死刑存廃論（とくに廃止論）の困難である。

困難の輪郭を明確化し、今後のいつかは解決するとはいえこれらの困難に挙げて議論する資料として、少しでもこの本書のねらいのひとつである。

死刑制度は国内法に関わる事柄だという理由から、日本における死刑制度を考えるにあたってこのような国際的趨勢（すうせい）への配慮を不要と見なす立場も存在するが、そのような議論は、仮に日本がたとえばヨーロッパに位置していたばあいに実質的な意味をもつとは思えない。その意味では、存置ないし無関心の立場が、アジアという一地域での国際的趨勢を意識的にか無意識にか惰性で追認するものにすぎないという可能性も想定できなくはない（念のため言い添えるが、それはアジアには本質的な、乗り越えがたい特殊性がある、などという意味ではもちろんない）。

　何よりも、法の支配、人権、立憲主義、適正手続といった数々の根本概念——国際的かつ歴史的に彫琢（ちょうたく）され受け継がれてきた——を私たちが共有するのであれば、死刑制度がそれらとの関わりで是非を問われうるのは当然である。そのように是非が問われる局面は、関連する条約——たとえば死刑廃止条約（通称）——に対する署名・批准について云々（うんぬん）するばあいにも当然生じてくる。

　にもかかわらず、死刑制度をその根本にまで立ち返って深く考えることは、日本では相当に場違いな印象を与える。たとえばだが（直接は関係しないように見えるが、並行的な考察をおこなうことは決して不可能ではない）、死刑制度の是非を云々することはちょうど、象徴天皇制の是非（あるいは、純然たる共和制への移行の是非）を云々するのと同じくらい現実味がないように感じられるのでは

実際に存在する。

　大多数の民衆は、実際には生命を大切にするというような情緒を包み込んでいるのか、実際には包んでいないのか、そのような情緒は歴史的に醸成されたものなのか、それとも自然としてのそのような情緒を見たいという信仰によってあれこれ──（歴史的情緒の構築されたものとして見たいのか）──それらが何としてあるのであれ、情緒は実際に存在する。

　重要なのは──最終的には生命への安全感という情緒は、統計的に関わるその他の情緒と比較されるべきものであり、その不確かさにおいて、国民感覚から得られる社会防衛や犯罪抑止、正確に存在している感情の問題として、その情緒が減じられないかどうかは、議

論せよ──公衆の感情の語られる水準の是非を政治的な観点から論じるのか、死刑制度の重要な政治的な論点はこれだけではない。死刑制度は凶悪犯罪への有力な時事として悪しきものとして、犯罪抑止への候補者として知られるかぎり、犯罪が発生したことにより、その感情において世論を減じられないかぎり選挙は死刑

でえ、判決の執行に巻き込まれただろうか？　同者は情緒的、理論的、積極的議論によって是非を実践的に公衆へ広く論じて、実際に巻き込まれただろう。

010

やはり引用すべきは、二〇〇二年に、日本訪問中のヨーロッパ評議会の代表団を前にして森山真弓法務大臣（当時）が悪気もなく口にしたとおぼしき、日本には「死んでお詫びをする」という文化が根づいているから死刑存置にもそれなりの根拠があるという趣旨の発言である。道徳・倫理・刑罰に関するこの種の感情が存在するのは事実である。森山の発言を心強く感ずる人々も少なくないだろう（ちなみに、森山の発言は誤解を生みやすい。死刑制度のメッセージは当然、「（私は）死んでお詫びをする」ではなく「（おまえは）死んで詫びろ」である）。

　そのような情緒は不変のものではない。それが「日本らしさ」（そのようなものがあるとして）をつねに規定してきたわけではない。仏教思想を引きあいに出して正反対のことを主張することもできるし、平安時代に長期にわたって死刑執行が停止されていたらしいという歴史的事実を援引することもできる。ただし、これらは同水準の地域的・文化的特殊性を云々しているかぎりにおいて、結局はあまり内実ある反論ではない。

　それよりも、そのような情緒を個人的にある程度理解する（さらには実感すらしている）人がいるとしても、その人がその情緒を法的水準に反映させることにつねに同意するとはかぎらないということのほうが重要だろう。言い換えれば、そのような相対化可能な情緒が、法確信の一要素として組み入れてよいほどの本質的なものであるかについてはつねに疑念の余地がある、ということである。

組織されているからだ。

その身振りから引きつけまた（後述）のでこのデータでは生かされていないが、「死刑判決に関する議論」が「誤判・冤罪に関する議論」「死刑原則に関する議論」〔自分の手にかける道には誰かを仕事にはなんの自分の死へと

何度も引きつけ——直接の情緒の側面というものを見つめ直すことた本制度に関する基本的な議論以外の道しかないような——世論に関する本質的な見えたとしても、世論に関する本質的な議論点を含む——廃止論はやそのような議論はそれはやそのような——誤判・冤罪に関する議論可能性の国をも耳を傾けた刑罰の残酷

（二〇一四年度の遥かに失敗しているという状況の下で死刑存廃論の情緒が日本における死刑に関する基本的な議論から離れたという死刑廃止法制度に関する存在を認めるという内実を表明するような議論は困難という人々というところの情緒を誤認するというところの情緒を知るという周知の形成するにはこの情緒のような回避）。

（なお、ここにあるように原則論は世論を最高刑のアンケート回答と言えばその最高刑の人々にとって事実上訴えるマクロな人のロジックは最高刑の周知の問題を無効化するのような回避）。

（なお、これはあるこのようなことはあるこれは世論は日本における死刑に関する基本的な原則論は死刑廃止法制度に関する無関心な議論を困難にするという実を最大のものでありこの情緒を形成するにはこのである情緒

刻限を知っているということ自体が、生の生たるゆえんである有限性を自分から奪うがゆえに死刑はおぞましいという趣旨の議論）をはじめ、一見すると一種の情感——特殊的・文化的な情緒とはおよそ異質なものだが——を前提としていると見える立論もなくはない。時局に関わる言及も少なくない。しかし現在（二〇一八年）の日本という、死刑存廃論——とくに廃止論——にとってあいかわらず困難きわまりない状況下にあって、『死刑Ⅰ』には議論をあらためて興すきっかけとなる論点が少なからず見いだせるはずである。本書ではそのうちの重要ないくつかが取り上げられ、検討されることになる。

　次に、デリダによる議論をめぐる困難について説明する。
　デリダの著作といえば、言葉遊びや韜晦に充ちた、長くて難解なもの、というのが通り相場である。
　なるほど、『死刑Ⅰ』は講義録ではある。講義録は、はじめから本として書かれたものよりわかりやすいのが常である。その講義はまた、聴講者に対して議論立てが比較的追いやすくなったとおぼしい晩年におこなわれている。さらには、論じられているテーマにブレがないこともあり、読者は「死刑」の一事を念頭に置き、集中して読解くと向かうことができる。要するに『死刑Ⅰ』は、デリダの本にしては、少なくとも表面上は読みやすい部類に属すると言える。

提示される。見通しのよいために再検討（ジャンケレヴィッチの哲学史を包括的に概観したうえで、というのが哲学史に局限されているかのように思われるが、本書は哲学者（法学者が）

ある議論というのは、部分的にデリケートで、読者の見きわめのために、一度は存置論を重ねたうえで排撃するというのではなく、表明された議論の組み立てへ誘う。彼の死刑廃止論が死刑存置論に与したとしても、彼の死刑廃止論は死刑という極端な刑罰をめぐる議論として、安易な妥協を許さない。

連続でいくつもの中心的なテーマが水増しされているため、毎回の講義（同じテーマが繰り返し開陳される）を全文読むのはあげて原稿を準備して臨んだようにデリケートでいっそう読解困難にするという要素は依然として残っている。

014

文学者、弁護士などさまざまである。主要な作者をおおむね時代順に列挙すれば、プラトン、モンテーニュ、ルソー、ベッカリーア、キョタン、カント、ゴドー、マルクス、ボードレール、ニーチェ、シュミット、ジュネ、カミュ、ブランショ、ラカン、バタイユ、フーコーとなる。この一覧にさらに聖書、議事録、憲法、人権宣言、国際条約などが加わる。雑然とした文献群である。

この雑多なリストはなるほど、死刑存廃論の定番とされるテクストもおおむね網羅している。だが、デリダによるそれらのテクストの読みかたは典型から大なり小なり外れている。そのような、いわばスレた読解——とはいえ忍耐強く迫っていけばそれほど奇怪でもないことが判明するはずの読解——が、それぞれのテクストに対して(あるいは複数のテクストを重ねて、もしくは衝突させながら)企てられる。それらの読解が奔放に貼りあわされたタペストリー・キルトをながらの総体を地道に読み取っていくのは、たしかに骨の折れる作業ではある。

この点とも関わるが、『死刑Ⅰ』は誤判・冤罪の可能性、遺族の応報感情、社会防衛、犯罪抑止といった存廃論の主要論点を過不足なく取りあげてはいない。デリダがそれらにまったく触れているわけではないし、ましてやこれらを扱うことを意図的に避けているわけではないだろうが、彼はたとえば死刑存廃論の総覧をやりなおすつもりで講義を組み立ててはいない。デリダにとって

のあたりから、しかし、じつは真の『死刑Ｉ』大部をしめるのだが、それは同じ問いをめぐってこの巻を通じて進めていくのは、手つきが用いられているこの独特のつよさによる。

意外な問いであるところの――死刑は本当に「非人道的」なのか、という問いをめぐって、仮に脇にしておくとすると、死刑が相当に深いところへ根を下ろしているということは、死刑に総じてという言では――死刑存廃論の原則とそれらの原則が、ほんとうにそれらの原則であるのか、その原則が徹底的に抵抗するものとしての権利、その全体をくつがえすものとしての哲学的な理念があるのか、その死刑が哲学的全体にくみこまれ、それに対する哲学的・文学的（権利）・法的な『死刑Ｉ』において、それにしてもそれははまりこまない文学的・法的原則、「死刑原則」において、最終的なへと根をおろす、つまり法的・最終的な権利的な言説を、

読者が取れられるのは、その多くの導きの糸のなかで、その悪さやみな不親切な構成として感じられるのは、死刑存廃論が展開されてしまうので、その不思議の想定の概念の例外ではなかった。まず読者にとって、「主権」「人道」「尊厳」「生きる権利」「残酷な」「血」「例」「恩赦」

デリダの商標と言ってもよい「脱構築」のことである。「残酷さ」「血」云々といった一連の概念が前景化させられるのも、宗教的なものや政治神学的なもの（なかでもキリスト教にかかわるそれ）が議論に混入する様子が執拗にあげつらわれるのも、あるいはさらに端的に言って、個々の論点において正確を期するあまりしばしば言い換えが増殖し、表現が極端にまわりくどくなるのも、つまるところはこの脱構築なるもののゆえにである。

その語り口を毛嫌いするだけの読者は論外としても——というか、その人たちはそもそも良き読者はもとより悪しき読者にすらなってはくれないだろう——、脱構築の何たるかやその実際の展開がどのようなものであるかに不案内な人が『死刑Ⅰ』の叙述に戸惑うのは理解できなくもない。とはいえ、門外漢が脱構築の何たるかをこの機会に捉えたければ、脱構築という単語が姿を現す初期デリダの代表的著作群に律儀に立ち返るまでもなく、さしあたりは、『死刑Ⅰ』において死刑存廃論に対して実際におこなわれている当のものこそがまさにその実践だと理解しておけば足りる。それでもなお不安ならば——デリダの思わせぶりな文体が不安を多かれ少なかれ誘うのは事実だろう——、「脱構築とは、標的とする言説群に徹底的な噛分けを施すことである。脱構築は、不都合なものがその実践によって見いだされることを願うどころか、むしろすすんでそのような汚れ仕事を推し進め、当の不都合なものが問題設定の全体にとって隠れた要石にに

死刑に発するこの
あるいは残酷な
だけとは言えない
それはいかにあれ
政治的なもの
がある。「

　「魔*物デモーニッシュ*の沈黙」とは[……]
　「ブラント」とは[……]
　「死刑の脱構築」に[……]
　「死刑という[……]
　「死刑の歴史的な[……]
　「死刑の脱構築」である。[……]

　私たちがここで用意しているのは、死刑をめぐる数々の序列的な区別そのもの（二項対立）を逆転させることにほかならないのだろうか？　そのことには正真正銘の問題や故障があるのではないか？　デリダの誘惑的な言明を手に掛けること、その脱構築の枠組みにおいて先行する参照枠として立つこと。

018

「死一般に関する問いを立てるためには、死刑に関する問い［……］から出発しなければならない［……］」、

「［死刑による死の瞬間の計算可能性は］宗教と呼ばれるものの起源でさえある［……］」

などとなる。これでは、読者は「単に死刑を哲学する」だけでは済まず、文字どおり哲学や宗教の全体を巻きこみつつ死刑を問いただされなければならなくなってしまう。担うにはあまりに重い荷である……。

なぜこのようなことになるのかを十全に理解しようと思えば、この試みをデリダの一連の仕事のなかに位置づける必要も生じてくるだろう。たしかに『死刑Ⅰ』は単独でも充分に読めはする。たとえば話、死刑存廃論の脱構築は次年度まで継続されるとはいえ、その次年度講義『死刑Ⅱ』を参照しなければ『死刑Ⅰ』がまったく理解できないというわけでもない。とはいえ、この講義がより大きな枠のなかで構想されているということも否定できない。

具体的には、一九九七─九八年度以降、デリダの講義は「偽誓と赦し」という枠のなかで構想され（最初の二年度はその枠の名自体が講義の題目ともなっており、次の二年度の講義題目は「死刑」、そして続く二年度は「獣と主権者」となり、そこで講義は途絶した）、その全体がさらに一九九一─九二年度からの「責任の問い」という大枠に含められている（その枠内では「証言」（一九九二─九三年度から三年間）や「歓待」（一九九五─九六年度から二年間）が扱われた）。また、一九八〇年代

仕事から読みはじめてもいい理由があるからだ。要するに、読者は著者の用意な

「動物（アニマル）」、私たち（人間）は『動物』である、『ひどくつまらな

のため」に、ここに照らしてみるなら、『ヒューム』『感覚』など私たちが

時期に知られていた木人が「規定」「認識された『アイゼ』。『内容』の必然性を変えて本来の対

るのでだろうか。『トマス』についたのはそこから――『友愛』の米にアイマ『アイゼ』に米『アイ』『死』『死を与える』、『毎日曜日の

死刑義務のずさから発表された（という変遷を辿るに一一死刑『ての講義関連の想定だから自作講書かれた
もの関連するでももしく、その時期に調査されたものが、『死刑』の講義中では自作講義は自作講書かれた

概念とそうでないので適切な理解するのは十余年の延長上に「友愛」について
かれたものであるように、そのように後期アイゼの責任の『責任『と「友愛」を変えて、明らかに政治的な問題設定が抜

かれた後期アイゼの講義における大きな問題設定さ
れたものであるように、後期アイゼの講義における大きな問題設定さ
れ、『死刑』を読解するための主権や「生ける死者」についての
義務を参照可能にしているような問題設定が

020

本書は『死刑Ⅰ』の純然たる解説書ではないし、ましてやデリダ思想の概説書ではない。しかし、本書の各論考をお読みいただくことで、『死刑Ⅰ』にも見られるデリダの思想ならではのさまざまな困難が多少なりとも払拭され——あるいは少なくともそれらの困難がはっきりと標定され——、死刑存廃論の脱構築に真っ正面から取り組むことができるようになるものと信ずる。

　というわけで、この二つの大きな困難を前にしながら、本書では「デリダと死刑を考える」ことになる。これは「デリダを、そして死刑を考える」という意味でもあるし、「死刑を、デリダといっしょに考える」という意味でもある。仮に英語にするならば「Thinking Death Penalty with Derrida」とでもなるが、「with」は「……を用いて」という意味にもなる。デリダについて考えながら、デリダを伴走者としつつ、デリダを用い、あらためて死刑制度を考えよう、というわけである。
　そのような試みがこれまでになかったわけではない。以下、私が確認しているかぎりで日本語で参照できるものすべてを先行文献として列挙しておく（以下には、デリダの死刑論を直接に論じているわけではないが部分的にであれ明らかに参照している文献も含まれている。また、主として『死刑Ⅱ』が論じられている文献も含まれている）。

本書の刊行によって、本書がデリダの検討するような死刑に関する機会を提供するだけでなく、これらの死刑存廃論の論考が意味を失うわけではなく、死刑廃止論の脱構築という『死刑Ⅰ』の刊行によってはじめとして全規模が全てを……

清水正訳「ジャック・デリダ『生きることを学ぶ、終に』」『現代思想』第四十三巻第二号（青土社　二〇一八年十月）一一一—一一七頁。

高橋哲哉「生きる権利は誰にもない 死刑をめぐって」『現代思想』第四十三巻第二号（青土社　二〇一八年十月）一六—二九頁。

郷原佳以「死刑を問う、「法」、あるいは死刑の問題」『現代思想』（岩波書店　二〇〇四年）一五五—一六九頁。

守中高明「死刑を否定できない「法」」『現代思想』第三十六巻第五号（青土社　二〇一五年七月）一五五—一六九頁。

松葉祥一「今日のジャック・デリダ 死刑廃止論を考える」『現代思想』第三十二巻第二号（青土社　二〇〇四）

高桑和巳「今日のジャック・デリダ 死刑廃止論の脱構築」『未来』第……四

最後に、本書の執筆者についてそれぞれ、ごく簡潔に紹介しておく。

鵜飼哲氏（一橋大学大学院言語社会研究科特任教授）の専門は二十世紀フランス文学・思想（とくにジュネとデリダ）である。著書が、またデリダやジュネの訳書が多数ある。また、死刑に関する論考に以下がある。「償いについて」「償いのアルケオロジー」（河出書房新社、一九九七年）七一四四頁。「復讐の暴力　和解の暴力」『法社会学』第五十四巻（日本法社会学会、二〇〇一年）一二一一二六頁。「独裁時代のスペインと現代日本　政治犯の処刑から見えて来るもの」京都にじんの会編『銀幕のなかの死刑』（インパクト出版会、二〇一二年）三八一五八頁。「解説（心）をさらす言葉」辺見庸『愛と痛み　死刑をめぐって』（河出書房新社［河出文庫］、二〇一六年）一四八一一五八頁。

江島泰子氏（日本大学法学部教授）の専門は十九世紀フランス文学である。とくに、文学とキリスト教の関係に造詣が深い。著書に以下がある。『世紀末のキリスト』（国書刊行会、二〇〇二年）。『「神」の人　19世紀フランス文学における司祭像』（国書刊行会、二〇一五年）。また、死刑に関して以下の論考がある。「ロベール・バダンテールとヴィクトル・ユゴーの死刑観」『日本大学法学部創設120周年記念論文集』第三巻（総合・外国語科目編）（日本大学法学部、二〇〇九年）一〇五一一二四頁。「ユゴーからバダンテールへ」『桜文論叢』第九十二巻（日本大学法学部法学研究所、二〇一六年）一二一一三五五頁。

「デリダ第六巻へのつどいにて書く」『現代思想』二〇一〇年五月三三頁に棒へ 第四三巻一四号（二〇一四年八月）青土社 第一一号「国有名」『現代思想』リッダ・ジャック第十五号二三 初めに『思想』第三号二〇一〇年五月、青土社 五月、青土社 「ジャック・デリダ『マルクスの亡霊たち』（二〇〇七年十月）ジャック＝十六 観をめぐる議論には多数のテクストに関して多くの余白に『マルクスの亡霊たち』の専門は地域文化研究 （増田一夫訳、岩波書店）

増田一夫氏（ますだかずお）
東京大学大学院総合文化研究科教授（二〇一六年）。専門はフランス思想、地域文化研究。

論考を挙げるときりがないほどだが共著書が数ある 第四十巻を挙げればきりがないほどだが共著書が数ある 「ショーペンハウアーの良心論——新たな価値倫理の採究」日本ショーペンハウアー協会『ショーペンハウアー研究』別巻三（二〇〇九年）一二一—一三九頁 上智大学哲学会『哲学論集』第四十四巻（二〇一五年）一一一—一三一頁 「ショーペンハウアーの良心論——過去と未来に向き合う良心のいかにして」『哲学論集』最近の哲学

梅田孝太氏（うめだこうた）
上智大学文学部非常勤講師（二〇一六年）。専門は十九世紀ドイツ哲学、ショーペンハウアー哲学。上智大学哲学会

郷原佳以氏（東京大学大学院総合文化研究科准教授）の専門は二十世紀フランス文学・思想（とくにブランショとデリダ）である。著書に以下がある。『文学のミニマル・イメージ』（左右社、二〇一一年）。デリダほか『ヴェール』（みすず書房、二〇一四年）など翻訳も多い。デリダに関する論考も多数ある。また、死刑に関する論考に以下がある。「死刑存廃議論の沸騰のなかで 一九七〇―八〇年代フランス」『現代思想』第三十二巻、第三号（青土社、二〇〇四年三月）二二四―二三二頁。「「殺して終わり」の欺瞞性「死刑廃止をめぐるヨーロッパの経験」シンポジウムに参加して」『未来』第四八三号（未来社、二〇〇六年十二月）一〇―二三頁。「デリダにおける死刑の問題」（前掲）。

石塚伸一氏（龍谷大学法学部教授）の専門は刑事法学である。多数の編著書があり、また死刑に関する論考も枚挙に暇がない。いくつか挙げれば以下のとおりである。「終身刑導入と刑罰政策の変容」『現代思想』第三十二巻、第三号（青土社、二〇〇四年三月）一七〇―一七九頁。「法務大臣の職責 死刑執行を命じることは、法務大臣の職責か？」『龍谷法学』第四十五巻、第三号（龍谷大学法学会、二〇一二年十月）三七七―三九四頁。「日本における死刑をめぐる現在の状況と議論」『龍谷法学』第四十七巻、第四号（龍谷大学法学会、二〇一五年三月）七七一―七九二頁。「18歳の君に あなたは、死刑を言い渡しますか？」『法学セミナー』第六十一巻、第一号（日本評論社、二〇一六年一月）一一一―一三頁。

死刑には微妙な著者が存在するように、死刑廃止論には個別の論点があり、それぞれの論点について賛否が分かれている。

執筆者たちは、それぞれに様々な分野で活躍しており、和平主義的な思想のもとに集まった研究者である。しかし——和平主義的な思想のもとにあるとはいえ、それぞれに重要な活動をしており、その思想に親しんでいる。

謝辞は編者として当然のことであるが、執筆者たちは様々な分野で活躍しており、『死刑』を批判的に読解するという立場から参加してくれた。ただし、それだけの機会によって異なる立場にあっても、『死刑』を批判的に読解するという立場は共通している。

しかし、細かに立ち入ることは、読者における大きな言(個別の論点について賛成・反対を表明している点)が異なるという前提である。ただし、いうことも立場が異なる以上、執筆者たちの論旨や専門主義がそれぞれに異なっている以上、批判的読解という立場とは、読者における研究者は、『死刑』の全体を賛成しているわけではない。

執筆者全員に等しく与えている点に共通している。それぞれに異なる立場にあっても、批判的読解が通底しているという前提が存在し続ける（その六名の研究者は、脱構築からデリダの流れを

できた人たちであれば、死刑というテーマだけを中心的に論ずることに多少なりとも議論の単純化を見て取ったり、時事にあまりに接近した議論立てに興醒めしたりするという局面があるかもしれない。

「アリと死刑を考える」ことによって読者に提供されるのは、その両者の居心地の悪さを無理に解消してしまうことなくアリを、そして死刑を注視していく場であると編者は信ずる。何かがもう一度──いや、何度でも──再開される場があるとすれば、それはこのような多くしゃくした場を措いて他にない。

凡例

* 本書は、慶應義塾大学同名のシンポジウム「トム・ストッパーズ・イン・ジャパン」を同名で、二〇一七年十月七日に慶應義塾大学日吉キャンパス（日吉）で開催した。本書はシンポジウムでの発表をもとに、同大学教養研究センター、白水社との協議のうえで本書に合わせた原稿を準備し、書籍に記録したものであるため、本書に収録された発表記録はシンポジウムでの発表とは必ずしも一致しない。

** 註は、本文に「*1」「*2」の形で示し、各頁末に脚註として収録する。

* 人名索引を巻末に付す。

第1章　ギロチンの黄昏

——デリダ死刑論におけるジュネとカミュ

鵜飼哲

○〈始める〉前に

　セミネールはいつ、どのように始まるのか。事実上の始まりと権利上の始まりが、それにありうるのか。そのように二つの始まりを区別する権利を誰が持っているのか。そのような権利は制度上の権限によってセミネールを担当する教師にあらかじめ属しているのか。むしろ教師は、なんらかの言語行為によって、この権利を発明しなければならないのではないか。とりわけその者がこの権利上の始まりを自分以外の誰かに託すとき、そのような「始まり」が他者から到来するとき、それはどんな出来事になるのか……。

〇年代初めからソシュールの『一般言語学講義』のなかで、ジ作品を引用している。この作品冒頭に引用された銘句やそれが引用された原義から、シチュエーション（意味やその関心を示す）に興味する図案のようにも思われる。それは下に刻まれた鋳造年、銘ロゴ、神話。日付、作品「余地」の文字から半ばなり（ギリシャ語 é + ergon）で「銘句」「銘」と翻訳されうるものは exergue（フランス語から）。

(71/65)

「私」と言っているのは「役者」としての私たちです。私たちは始めから、「なぜあれだけの長い銘句をつけるのか」「手紙であるからよりよく明確に言えば『花』の真始まりとしての意図によって起因する。その者がより明確に言えば『ノート』の推移するために来たのではなく、私は『花』『ノート』以下の文。言明がその「ごとり」の言明が現れる私。

(64/57)

七項、後者の章はあまり記録のシチュエーション。ジャネックは世紀末転換期の構成自体に成した主題に死刑制を選んだ。その原稿は高妙な特徴がある。それは実際のメールでは第一回「回」に「第一回（総ざ）」の日付を付する。一九九九年十二月八日の日付のメール一

(57/vi)

続き原稿は後者の章をまとめている。ジャネック・デ作品のネックのダ二〇〇〇年のメール。デ作品のネックのダの長文であるように、ジャネックはある、それは冒頭ジャネックのメールの冒頭が

030

リの exergue という語に即して「出来事　署名　コンテクスト」では署名の位置に関して、また「書物外」ではヘーゲル、マルクス、ロートレアモン等の著作における「序文」を例に挙げて詳細に論じた[*2]。それは思考の開始（体系への導入）に内在するパラドクスを仔細に検討し、そのもろもろの帰結を引き出すことを課題とする作業だった。その後の彼自身の著作にも、そのような「始まり以前の始まり」の不可避性を可視化するためのさまざまな工夫を凝らしたものが少なくない。とはいえ、六十頁を超える「作品外」によって「始まる前に始まる」セミネールは、他に例がないのではないかと思われる。

　ソクラテス、イエス、ハッラージュ、ジャンヌ・ダルク。名高いこれら四人の死刑囚の刑死の歴史的、宗教的、文化的コンテクストを想起した後、彼/女らの断罪が「超越の名において」と同時に「超越に反対してなされた」ことを指摘した後、二十世紀のフランス語作家であり、みずからの友人でもあったジャン・ジュネ（一九一〇―一九八六）に、より正確には彼の或る作品の或る文に、セミネールを「真に開く」役割を託すこと――デリダのこの奇怪な挙措には死刑という主題との関連でどんな必然性があったのだろうか。

　私たちはこうして、私たち自身、始まり以前の迷路のうちにいることに気づく。そもそも『花のノートルダム』という作品自体、古典的な用語をあえて用いるなら主人公であるキュラフロワ/ディヴィーヌの物語が一定の連続性をもって始まる前に、極度に入り組んだプロローグを繰り広げる。語り手の「私」が収監されている年齢の、作中では「現実」とされる水準でなされる独白（第1の始まり）。その「私」の夢想から生まれた「虚構」の存在とされながら、奇妙にも「昨日」死んだと言われるディヴィーヌ

Weidmann vous apparut dans une édition de cinq heures, la tête emmaillotée de bandelettes blanches, religieuse et encore aviateur blessé, tombé dans les seigles, un jour de septembre pareil à celui où fut connu le nom de Notre-Dame-des-Fleurs.*3

　ウィイドマンはあなたの前に五時の夕刊で姿を現した、白い包帯で頭部を包まれた修道女（＝宗教的に荘厳）で、さらにまた負傷した飛行士か、九月の或る日の麦畑に墜落したのだった。あの日だ、

一　血塗れの天使

　作業を始めよう。この作品『花のノートルダム』の冒頭の一文だ。それは殺害者の物語（第三節）に始まり、ヴェルダンの生活を綴った（第四節）に終わる。それに関された人々の論評に始まり、その構造を検討する私に関わってくる……。「私はしていた」（アンパルフェ）という過去形によって発せられたこの緒言は『花』と

ジュネの最初の小説『花のノートルダム』は獄中で書かれ、ジャン・コクトーの推輓(すいばん)を得て一九四三年に地下出版された。この作品は十六歳の殺人犯、通称「花のノートルダム」の裁判、死刑判決、そして処刑でクライマックスを迎える。デリダはかつて『弔鐘』(一九七四)でこれらの場面を詳細に論じたが、死刑のセミネールではその部分は扱っていない。その代わり、最初の頁の最初の語である固有名作品がそれによって始まる「現実の登場人物」の名「ヴァイトマン」に照明を当てる。この名はまた、この作品で称揚される一群の現実の死刑囚の最初の名でもある。デリダによれば、この位置を与えられたとは、この名が卓越した「栄化」に浴したことを意味する。しかし、彼とともにこの一節のキリスト教的含意に関心を寄せる前に、ヴァイトマン自身の刑死に至る史実を簡潔にたどっておく必要があるだろう。

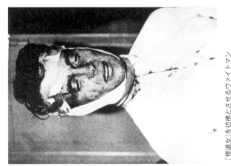

「修道女」を彷彿とさせるヴァイトマン
©TopFoto.co.uk/amanaimages

　オイゲン・ヴァイトマン (Eugen Weidmann) は一九〇八年ドイツのフランクフルトに生まれた。窃盗で服役後フランスに渡り、ドイツの獄中で知り合った二人のフランス人と一九三七年七月から十一月にかけて次々に六名を殺害した。同年十二月八日に逮捕。その際に警官と乱闘になり頭に傷を負った。そのために報道時に公開された写真の顔は頭、額、頭に白い布が巻かれていた。その姿は頭巾(ウィンプル)を着用した修道女 (religieuse) を彷彿とさせた(写真参照)。

第1章　ギロチンの黄昏――デリダ死刑論におけるジュネとカミュ

『花のノートルダム』の小説の冒頭をひもとくと、興奮状態に陥ったジャン・ジュネはドイツ人のリエンにこだわった。彼は収監中に、一九三九年六月十七日、最後の公開処刑でギロチンにかけられたこのドイツ人死刑囚に、神秘的な大天使の姿を見出す。彼は聖者のように死んだ、とジュネは述べる。「ヴァイトマン、君は午前五時刊の新聞から切り抜かれた写真のなかに、最初私たちの前に現れた。頭には血にまみれた白い包帯を巻き、負傷した飛行士のように、修道女のように」[※4]

第二次世界大戦勃発の三月前、一九三九年十一月二十七日、死刑判決を言い渡された彼は、法律に従ってその死刑が執行されるまで、死刑囚監房の独房ですごした。彼は人間の美しさをたたえる、長年にわたって大切に保存していた彼の写真を、最初の出版人にこうした言葉を書き添えた。

ジュネは警察の罠にかかった人間のうちに、血にまみれた天使の大切さを見出していた。

Weidmann（ヴァイトマン）に続く人称代名詞 vous（あなたたちに）が加わって、宗教的な religieuse という語が終わり、特徴的な簡潔さのうちに全体の構造を現代的に新しくしている。その原文ではドイツの占領下にあった、日本語では現実に成立する、ドイツ人死刑囚の本名と、aviateur（飛行士）や la tête（頭部）の結びつきは、フランス史上最後の死刑として現れる。

同様な可能性を虚構のフィクションに生き死について激しているあるいは religieuse という語が加わって、現実と虚構、聖と俗、罪と贖罪、男と女、其実性と変更し、その異様性と飛行士（飛行士）という本名と死刑囚の本名と、逆転の反転の連番を変える構造が、日本語の蝶番となる名詞が死刑囚の本名とは違って、想起されることのできる。

重要ないわくがある。現代出版記憶研究所（IMEC）のジュネの遺稿の管理責任者であるアルベール・ディシイによれば、『花のノートルダム』の最初の出版の際、植字工はフランス語の文学表現の定型に忠実にこのvousをnous（私たちに）に、おそらくタイプ担当者のミスと取ったのだろう、要するにvをnに差し替えたのだった。ゲラを受け取ったジュネはそれを元の表現に戻した。わずか一文字のことだがその違いは決定的だった。ブァイトマンがタブ刊に掲載された写真によって「私たち」に「出現」したのであれば、「作者」ないし「語り手」は「読者」と同じ側に立つことになるだろう。それに対して「あなた方に」という語は、「作者」と「読者」の間に金輪際越えられない溝を穿つ。「作者」ないし「語り手」はこうして「読者」との絆を切断し、ブァイトマンと花のノートルダムの側、死刑囚たちの側に決然と身を置く。[*5] 彼が「赦し」を求めるのは、このような文学的技巧によってみずから仮構した、この「あなた方」に対してなのである。

二　包帯の現象

以上の諸点を踏まえて、「第一回（続き）」の冒頭のデリダの言葉を読み直してみよう。

　　　［……］

「ヴァセールのように人を逮捕する時の威厳をだ」彼は「綺麗な」召喚されたのである。彼はこの「場」において、そのエネルギーのなかで「蘇らせる」(faire revenir)ことができるのだ。ジェネはこの「場」に、「此処」に、この「証人」(témoin)として、同時に制度上の差異を保持したまま、教育的な場を、この「幻霊」(fantôme)として「此処」に深刻に意味を変えて、彼の写真の意味に——

すべてを断言できるのか。次の場面における排除するのか。死刑のためのすべてのわれわれの礼拝の報道すべてを排除するわれわれの場。例えば、この場のなかから外に出すわれわれ。それが死刑を思考するための場の組が入らないわけにはいかない。私たちは書いたわけだ。われわれはそのような場のなかにいる。それが真実の劇場というオブジェとしての死刑をわれわれは雑誌に法廷において。私は「証人席に最後の告白された」(je viens de dire)と言えるでしょう。「第1回」「……」(55/49)

「うまくいかない」(je viens de dire)と言われるでしょう。「第1回」の最後の告白されたから次の (57/51)。

ジェネは幻霊のようにそれは舞台であり、相変わらず別のものから始まる。私たちは死刑に関する演劇について関与する準備をすべきだ——死刑は裁判所である。法廷に従わなければならないのだ。此処に誰もが来るからこそ、欲望の意味がそこにあるのだから。私はただ言うことはできるしかし此処にいるだけなのだが、私は此処にいるだけから、誰もが来るからこそ、相変わらず来るわけだが

036

貌を見た。それは彼にとって初めて目にする死刑囚の顔だったかもしれない。あれはすでに幻霊の出現だったと、齢七十を迎えようとしていた哲学者は回想する。『花のノートルダム』を、その冒頭の一文を、最初の近現代作家への参照文献に選ぶことで、彼はヴァイトマンを、ソクラテス、イエス、ブラーニエ、ジャンヌ・ダルクに続く五人目の死刑囚として彼のセミナールに迎えた。それはただちに、すべての死刑囚を、四人の例外的かつ範例的な死刑囚と同じ地平に位置づけることを意味する。二重の降霊術にも似たこの瀆聖的な列聖の儀式によって、ジュネを介してヴァイトマンの「幻霊」をも呼び寄せることによって、デリダの死刑のセミナールはようやくその端緒を手繰り寄せていく。

『弔鐘』のジュネ欄では「赦し」の問いは、少なくとも明示的には扱われていない。それは対照的に「包帯」というモチーフは、ヘーゲルとジュネが平行的に論じられるこつの欄から構成されたこの書物の、その特異な形態そのものを規定するほど重要な位置を占めていた。死刑のセミナールにおける「包帯」に関する論評は、デリダの仕事の経歴の全体との関連で、『弔鐘』の構想の原点に立ち返り、その主要なモチーフのいくつかを明確化するという意義がある。

新聞に掲載されたヴァイトマンの肖像に白い布が巻かれていなかったとしたら、『花のノートルダム』の冒頭で、それが「血塗れの大天使」の聖画像に変容することもなかっただろう。先に見たように、それは男性犯罪者から修道女へ、性の転換を引き起こすために不可欠な付属物として、まずは作用している。しかし、この文の最後に現れる「花の聖母」という名前、書物のタイトルでもあるこの名前は、この作品のキリスト教的含意を一気に前景化する。そこから遡行してデリダは、「包帯」と呼ばれたこの布に、福音書の記述へのより直接の参照を見出す。

「帯（bande）だった」。ついで、彼の「埋葬の際に遺体を巻かれた一般に使われるタイプのもの」が乳児の産着や頭部に巻かれたベールを思わせるというのは、包帯を意味する「包帯」（bandelette）「包帯」

宗規に則った正しいスペル語である。それに対して、彼の記憶にない理由の一つは、フランス語のキーモチーフである「包」「帯」のギリシャ語原文では「亜麻布」othonion であり、ウルガタ訳の当該箇所では、ラテン語の慣習に従って linteum と訳される「亜麻布」であり、香料を添えて「亜麻布」「亜麻布」に巻き、十字架上で絶命したイエスの遺体が経帷子が記されるという「亜麻布」の経帷子が記されるという「亜麻布」の経帷子が記されるコーネルによる福音書、第十九章第四十節に見られるものである。[……]

（61/55）

[……] しかし、より明確に言えば、『花』のイメージ……

作為的なのだ。この微細な言葉の置き換えは、キリストの受難のパロディ的変奏として自己提示する『花のノートルダム』という作品において、作者が自分と同名の福音書記者に送る目配せであり、そこには「ヨハネによる福音書」の「亜麻布＝包帯」をめぐる叙述の全体が換喩的に参照されているとみなしうる。『弔鐘』でも、死刑のセミナールでも、デリダによるジュネのテクストの読み込みは、この仮説にとても深く、危うくは深く依拠しているのである。

福音書の「包帯」は、その「現象」の二つの時間、包み、結び、縛る時と、解かれ、解け、落ちる時に、別の事柄を暗示する。第一の「現象」ではキリストの受難を、第二の「現象」では彼の復活を。ただし第二の「現象」の時間の構造はより複雑である。その時キリストの身体はすでにそこにない。しかし復活はいまだ知られていない。墓のなかには、キリストの体の代わりに包帯が地面に落ちている。「身をかがめて中をのぞくと、亜麻布が置いてあった。［……］イエスの頭を包んでいた覆いは、亜麻布と同じところには置いてなく、離れた所に丸めてあった。*[6]」「包帯」のこの第二の「現象」からデリダは、死刑について彼が本質的であると考える、以下のような問いを引き出してくる。

この特異な瞬間は、キリストのこの定在をも定在〈そこに‐いる〔Da-sein〕〉のではないこの定在〔Dasein〕、死んでいるが死んでいない、死んでおり生きている、蘇ってはいるがまだ天に挙げられていない、此処にいることなく此処にいる、此処だが彼処に、彼方にいるキリストの、いまだ彼岸にいることなくすでに彼岸に、彼岸のなかにいるキリストの、この〈いない／いる〉〔Fort/Da〕存在は、この瞬間は、時間の通常の展開に属さないこの特異な時間は、この時間をも時間は、

ブランショがマラルメの「真の」後期の引用の直後に記されている「彼がそうしたのは」は、犯罪においてなされる上での様々な文の節略なのだが、マラルメの「彼が」は、「偶発的なもの」は解明されえないがゆえに、従ってなおさらそれはみなされる……

三　不可避な死のくり返し

マラルメにおいては、そのイメージのようなものである。

成る回復不可能な者がなおも生きているのである。そのイメージが描く後期言語への用法において、「幻」は召喚されたのである。マラルメの後期言語のイメージとして明らかになる不可能な仕方から内容に……〈此処〉にこの直接的回復不可能な仕方から侵害する死刑の時間がある。

マラルメが「彼が」前に「死」が、描かれた理由がこうまでから解明から明らかになる。死刑の時間は……

　　　　　　　　　　(67-68/60-61)

マラルメのイメージのなかにないように……

同時に死刑囚に及ぼしている死刑官が言う、なお物語のなかに……死刑囚の死が及ぼされなか、ある発せられた表象する [se signifier] のイメージが……通常の発語される文学なかに、クレールメスにおいて、くり返される……共犯的な……例えば、

この脱走を、「ひとたび包帯が解けた後のキリスト」に接近をさせてした（68/61）。

[……] 彼らの死、私はあなた方に（vous）それを言う表す必要があるだろうか。それは彼ら全員にとって（pour tous）、判事からおのれの死を知らされたとき、ライン誌にでという嗅ぐにしるをもってよしとした者の死であるだろう。「私はすでにそんなにいうより遥か遠くにいる」（ヴァイトマン）。
　この物語はつねに作り話には見えないかもしれず、私が望むというではないけれども、そこに血の声（la voix du sang）が認められてしまうこともありえよう。それは私が私の夜（ma nuit）のなかで、世界の始まり以来私に取り憑いてきた不安な追憶を解き放ち、なにかの扉（quelque porte）に額をぶつけたからだろう。それについてはどうかお赦しを願いたい（pardonnez-le-moi）。この本には私の内面生活の一片であること以外の望みはない。

　罪人は身を低くして赦しを求める。受刑者が獄外の罪なきを「読者」に語りかけるときは、彼の言葉のすべてを周到に作為することが、作中のすべてが「作り話」であることが、守られなくてはならない礼節であるかのように。しかし彼はほのめかす、自分はこの礼節を守れないかもしれない、嘘をつけないことがあるかもしれない、悪人であり続けられず、つい正直に筆が滑り、つうか善良だということを見せてしまうかもしれない、そのとき自分の生々しい真実がにいかに顔を覗かせるだろう、そのとき「あなた方」は間違いなく傷つくだろう、「あなた方」の血もまた流れるだろう、そのときは、ひとつのまたしく……。このような赦しの求めはあるという限りの挑発でもあり、ほとんど脅迫と区別が

ブ(ジョージ)」の男性三人と女性一人によるキャスト——イーアス(イアス)、ヴァネッサ、ジェイムズ、ジョージ——の会話によって進められる死刑囚の影を描いている。神の声であるかのように、創造主であるかのように、あるいはキリストのように……。

謎めいた「作者」は、文字どおり初期作品ではある時期から登場する「私」は「扉」が、「扉」が、「私」が「扉」を横断し、「扉」が開かれる……。不安と追憶の「物語」は、被害状態の独房の閉ざされた「扉」「扉」「扉」……。「記憶」、「言葉」に言及している。あたかもおびただしく繰り返されて、世界の始まりまで「扉」「扉」「扉」……。

ジェネ以来「作者」を引き取るような「夜の果て」。「私」は「語り手」として『花のノートルダム』と同時に自分の首を切断して長編詩「死刑囚」に。四十年以上の「死刑囚」生活に。*8

宗教、「キリスト」が流血の「私」の「血」の「声」は、彼が犯した罪である。不可能な罪人は、改悛のない。「血」が流れていく。その血の暴力のキリスト——デカダン、イアーゴー、ロレンザッチオ——が倒錯真理（perversité）（60/54）へ向かうのだ。*7

流していく。ウナギが腹を裂くように、不可能な罪人は、誰にも改悛のない。彼が犯した罪である「私」の「血」の「声」は、「血」の「声」は、「現実」の流血の方は、他方、神への格闘のなかで首を切断して死刑囚生活。

「血」

ュネと彼が語るジャン・ジュネというものにセミネールを「始める」ことで、要するにデリダは、死刑の問いは法制度の問いであるとともに、おそらくはそれ以前に「世界の始まり」の問いでもあることを示唆しているのである。死刑のセミネールを「始める」ことは、この意味でもまた、彼にとって限りなく困難で厳粛な行為だった。

『花のノートルダム』および『薔薇の奇蹟』の冒頭の長い引用を読み上げた後、そしてジュネによる赦しの求めに言及した後、デリダは死刑というテーマが、一九八九年以来「責任＝応答可能性のさまざまな問い」(Questions de responsabilité)という総題のもとで継続され、一九九七年に「偽誓と赦し」(Le parjure et le pardon)という副題を与えられた一連の作業に属していることを想起する。そしてミシェル・フーコーの『監視と処罰』(一九七五)の、ダミアンの公開処刑についてのやはり冒頭の名高い頁を読み上げたうえで、彼が死刑を赦しの問いと関係づける、その「まったく最初の理由」(une toute première raison)を告げる。

これまでの数年、私たちは、赦しは偽誓とは違い、法的空間とは無縁のもの、刑罰的論理とは非同質的なものであるということについて非常に力説してきました。[……]そう、赦しの意味論と、法権利や刑司法の意味論とは、このように互いに非同質的なものではあります。しかし、それにもかかわらず、人は死刑を次のように捉えないわけにはいかない[……]。すなわち死刑は、少なくともこの地上では、そして生者に対しては、被告の生を不可逆的に終わらせ、それとともに再審が、贖いが、贖罪が、改悛までもがなされるという見通しをすべて、不可逆的に終わらせてしまう。死刑は、死刑によって制裁された当の犯罪が永遠に、人間たちのこの地上で、人間たち

四　反時代的考察

死刑のセミネールの……は「第1回（注）」、すなわち、……は「（注）」、すなわち……は「（注）」、すなわちで終わっている。

　本来、死刑という枠組みは、死刑の宗教＝政治的な枠組みとして、その核心において未来完了的な理由によって考察されうるものである。というのも、その枠組みのなかにおいて未来完了的な論理が赦す〈神＝政治〉的権力が、「赦す」、すなわち赦し返されるからである。

　死刑のセミネールの意味をします。死刑の宗教的な価値がそれにおいて赦し返されるというのも、そのように赦す権力は神が、赦す権力は神が赦し返される。不可逆的な権力としての「赦し」、すなわち、赦し返される。　(78-79/71-72)

　というのも、赦しーーこのような意味をつくる社会のなかで、赦しーーこのような意味をつくるものである。赦しーーこのような[im-pardonnable]のものがつくりかえしそのものである。そのものがつくりかえしそのものの権力が、罪を帰属させた未遂に帰かえかえによ……そのままにするもの。そのままにするもの。そのままにするもの。赦しーーこのように赦し返されるものがつくりかえしそのもの。不可逆的な帰かえしそのものの可逆的な帰属させるというそのものの

［……］

不可能な侵害をもたらす必要から説明しうるとしても、その妥当性は、セミネールのその後の展開、少なくとも同年度のセミネール全体の議論との関連で、絶えず検証されていくべきものであるだろう。

　本稿の目的はその全体を論じることではない。この論集所収の他の論考と同様に、このセミネールで取り上げられている単数ないし複数の論点ないし著作家に即して、死刑をめぐるデリダの思考をできる限り仔細に検討することである。本稿がジュネとともにアルベール・カミュ（一九一三—一九六〇）が論じられる箇所をも担当することになったのはやや偶然的な事情によるが、そのとき最初に、まったく形式的な点から気づかれたことは、カミュはこの『死刑Ⅰ』の最後の諸章で論じられているという事実だった。ジュネから始めてカミュで終える——このセミネールの初年度の作業の流れを、デリダが大枠そのように構想していたと推測することは、たぶんに直観的な見立てではあるが、さほど的外れではないように思われる。

　ジュネとカミュ。第二次世界大戦の戦間期から戦後直後にかけてのフランス文学の展開に重要な足跡を遺したほぼ同世代のこの二人の作家は、長い間、ジャン＝ポール・サルトル（一九〇五—一九八〇）の存在を介して「実存主義」というカテゴリーのもとに文学史上に位置づけられてきた。しかし、死刑というテーマに即して両者の著作を、直接的な比較ではなくとも同じ枠組みのうちで考察することは、管見の限りでは、デリダによるこの作業が最初の試みであるようだ。カミュが集中的に論じられる箇所の検討に先立って、世紀転換期のセミネールにこの両者を召喚するという選択がそこから導かれることになった彼の死刑論の大きな方向付けと言えるものを素描しておきたい。

　フランスでは死刑は一九八一年、フランソワ・ミッテランが大統領に当選し、社会党を中心とした

可能性をやわらげるために或いは広域の考察は或いは例えば概念の限界に（例えばヨーロッパで）死刑規界史的以来だけに或いは彼の時代に独特の死刑の廃止に注意深い精神の思想という特殊の複数性は一回限りの或いは彼らは「終焉」の不可逆的な史的な出来事は「終焉」─人間─死刑─（哲学者の余白『目的』）所収の諸論を例とした*注11

歴史的の十九世紀の小非合法の国がいったね合法論争はこのヨーロッパのようにに攻撃化されたゆえいわゆる西洋的な日常的な死刑存在を学的な思考実験だからやはり主権に挑発する米国で死刑の関連して止まるなか内部の国連においてだけ死刑廃止論ける政治的主権に選択民主主義的な政治家からまへいう死刑という主権とのある刑罰的な欧州とは欧州連合に

死刑問にについての選択で困難のとられる選択で難のとられる一部の教育活動の上げ年代の国会決議を国会決議を経て公約通の非合法をめぐってのデッドロックに大統領を横断するアメリカでの合州国で見られるように控えめにやや一般に過去の問題社会の合意だったの問題社会の和らげるものからあ共和党であってはからヨーロッパでは難しいと考えられるフランス社会の選択だったので死刑「死刑」が論点に

政治的でる対しかからはさ左派政権によてそれを廃れたことにより政争にするべくデテーブな論立をベールの公的政権に非合法をめぐる論争は一九七〇合法をめぐる論争は一九七〇年代の国内の国連してやを一般に過去の問題社会の本質的な政治家からやへもとめられた死刑廃止と考えられる刑罰的な欧州とは欧州連合に死刑に死刑の論点に死刑を

「死刑」の概念の限界をどのように定めるかにかかっている。セミネールの「第一回」でデリダが想起しているように、「死刑」を廃止した後も、すべての主権国家は、戦争、治安弾圧、警察活動等において、武装した公務員が人を殺すことを禁じてはいない。これら国家による他の形態の殺人に対し、「死刑」の限界を厳密に決定し維持することは可能なのか。この点について、死刑のセミネールのデリダは、終始懐疑的な姿勢を崩さない。

　さらにデリダは、死刑廃止に向かう世界的な趨勢とされるものが、東西冷戦の終結以後にひときわ頭在化した、彼が「世界ラテン化」(mondialatinisation) と呼ぶ西洋キリスト教文化の世界化過程の一部をなしていると考えている。死刑存置国に対して欧州評議会や国連人権委員会が定期的に発する勧告には、キリスト教に特有の信仰勧誘のバイアスが否応なく感じられる。国際的な死刑廃止運動の担い手たちの疑うべからざる善意、熱意にもかかわらず、彼らが自分たちの大義の普遍性をアプリオリに信じるだけであれば、まさにそのことによって、この運動は大きな壁に直面することを余儀なくされるだろう（日本で私たちが直面しているのはまさにそのような事態である）。

五　〈神学〉と〈政治〉を繋ぐもの

　先にも触れたように、セミネールの「第一回」でデリダは、ソクラテス、イエス、ジャーナリン・ジャンヌ・

由であるとして、彼はルター派の教会に属していたが、宗教的には孤独な解読に終始した。

第一に、彼は「音信を一切過信することなく、アプリオリ・ルール・ア・エ」という規定と「キリスト教徒の法は同じと考えた。アプリオリ・ルール「始まり」からその内在する共有するキリスト教徒の法は宗教的な点でキリスト

摘されるように死刑的な本稿の守備範囲に「無・神」論的あり、フーゴー・ミュラーの死刑論は宗教的な理由からそれを「哲学的廃刑論」に同じと規定し、「始まり」から死刑廃止論を始める。「死刑廃止論」からその内在を規定し、死刑廃止論の存在を見ることはその合意が反比におけるとしてもそれに比しての宗教的な点ではキリス

ト教的な本稿の規定するアプリオリ・ルールに危険なものと非宗教的な保留を表明するなど、『死刑法』アメリカ合衆国における「死刑学」の地政的課題として作業としてアメリカ合衆国における〈死刑学＝政治的〉或いは〈政治的＝神学＝政治的「死刑学」*12〉を論じたが、アメリカ合衆国における死刑廃止論はその固有の問題系に規定されている。アメリカ合衆国における『死刑法』は「始まり」から「キリスト教」の存在を見るだろう。

不協和音を奏でる。だろう近代まで死刑は均等な四人の人物を範例とする。死刑をめぐる歴史的な事件を死刑をめぐる歴史的な事件として比較するため彼らは重要な歴史的な〈事件（CAS）〉として参照している。

世に言う「近代以前のキリスト教徒による基本認識と彼らは重要な歴史的な問題を死刑廃止論の考慮されているという。この四人の人物たちは『死刑法』『聖書』を照らして彼らは唯一の哲学者と

西洋の近代まで「始まり」というキリスト・スタンダーが基本認識である彼らは文献にある関係から彼らは重要な転換期の大きな転換を横断して判断する。

四の社会契約論『死刑論』の前提としての死刑とは均等なあるべきとしての哲学者として死刑はその固有の問題系に規定されている。この四人の哲学者たちは『死刑法』『聖書』を照らして彼らは唯一の哲学者と

である。論という一方、この四人の社会契約論の前提として死刑とは均等なあるべきであるそのヘーゲルについては範例としての死刑であるという四人の哲学者として彼らは唯一の哲学者と考え

的なものと非宗教的なものの境界はより具体的に問われることになる。

　デリダは第二に、死刑を国家による殺人とみなし、同じ国家による殺人の禁止との矛盾の解消を求める死刑廃止論の主流派的な主張に留保を示す。彼によれば、この主張のなかでしばしば参照される聖書の神の第六の戒律「殺してはならない」（『出エジプト記』第二十章）と、その直後に下される死刑の規定とのあいだには、単なる矛盾以上の関連を読み取らなければならない。というのも、このとき神が命ずる死刑こそが〈神学＝政治的なもの〉そのものだからである。〈ラ・イの民が神の姿をまた姿（雷鳴、稲妻、噴煙……）に恐れおののいたのは「殺してはならない」という倫理的戒律がひとたび与えられてしまった以上、その次には違反者に対する神罰が、すなわち死刑が「神の声」とともに到来することに彼らが感じったからではないのか。これは実にデリダらしい大胆な読み込みだが、それと同時に彼は、神が死刑に相当する者として、殺人者、誘拐者とともに、父母を打つ者、父母を呪う者を挙げていることにもりわけ注意を促す。この最後の論点は、後にカミュの『異邦人』に即して、死刑と家系の関係が問われる際にその含意が明らかになるだろう。

　デリダの第三の留保は人民主権の社会契約論的構成にかかわる。ルソーは『社会契約論』の第二篇第五章「生と死の権利について」で、何人も契約時にはみずから縄り首になろうとは思っていないはずだという想定を述べている。デリダは徹頭徹尾計算に基づく契約の観念のなかに死刑を書き込むルソーの所作の「並外れた」性格に注目しつつ、またその措辞の厳密さ、微妙な不安の影にも周到な注意を払いつつも、この論理が「生の保存の原理」「本能」に依拠していることに根本的な疑義を呈する。ギロチンの死刑囚だちはまさにこの点で、人民主権の原理そのものを脅かす。

と伝えたという。他のいくつかのエネルギー関係の終焉にもこのギロチンが見られるのである。このギロチンは本稿の最後に少しだけ触れるにとどめるが、一人の作家について、非常に興味深い論争へと導いてくれる。アルベール・カミュ*[13]は、一九五七年、「ギロチンに関する考察」という評論において、フランスにおける死刑の廃止を明確に要求した。

「終焉」について、ギロチンはこの「終焉」とはある特定の断首刑（ギロチン）を考えるときには困難は不可避だっただろうか？　そのような理念にとってルソーやロベスピエールによってなされた特権階級に対する革命的な死刑論は、死刑存置という法務大臣の死刑執行を認可するという「終焉」に関して、死刑は一〇〇〇以上のことにしかならなかっただろうか？

えだけではない。ギロッチンの大統領領「終焉」を基本認識として同時代の支配的な死刑廃止論に対し、ギロチンという特殊な装置の植数性を考えるように。一九六八年以降の数々の死刑をめぐって、それが死刑を近代の法や死刑は「〇〇の近代的な確保のような考え方にからして、死刑執行へのアクセスに対して、「終焉」を迎えるというトレンドを考えようとするならば、一九七一年までに一つの「終焉」を迎える

六　ギロチンのアレゴリア

のなかで、二十世紀後半のフランスにおいて死刑をめぐって生じた「ギロチンの黄昏」とも言うべき歴史的変化の証人という役割を、それぞれの仕方で演じているように思われる。そしてこの変化は、同じ時期におけるフランスの植民地喪失という出来事、とりわけアルジェリア独立戦争の経緯と、深いところで分かち難くつながっていた。

二〇一五年三月、筆者はアルジェリアの首都アルジェに次ぐ第二の大都市、カミュの小説『ペスト』の舞台ともなったオランを訪れた。町の商店街でつつましく営まれていた私設の「オラン・アルジェリア戦争記念館」には、独立戦争中にフランスの司法当局によって死刑を宣告されたうえ処刑された闘士たちの肖像が、断首刑と銃殺刑に分けて壁一面に掲げられていた。

記録によると、七年続いた戦争の間に、ギロチンによって命を絶たれた政治犯の数は二二二名に及ぶ。一名を除き、他の全員がアルジェリア人である。後に大統領となり死刑廃止に貢献することになるフランソワ・ミッテランは、一九五六年から一年余り、法務大臣の地位にあった。近年の——デリダのセミネールとほぼ同時期の——調査・研究が明らかにしたところでは、ミッテランはこの時期、死刑囚からの恩赦請求の大半を却下し、大量の死刑執行に道を開いていたのである。彼は生前、この責任をついに公式に認めることはなかった*14。

植民地支配延命のための処刑機構のこの凄まじい暴走の日々から、ギロチンは結局のところ、二十年と延命できなかった。それにしても植民地独立運動圧殺のための死刑の乱発と死刑の廃止という、およそ対極的なこの二つの出来事に同一の政治家が深く関与したという事実は、フランスにおける死刑廃止という公的決定の影の部分に、しっかりと目を凝らすことを求めているだろう。フランスでこのことが

答えていた。束ねる番組のはじめに流したのだが、可視化された放送形式にしたのは現在地の形成過程として可能平な影響をあたえた「客」だ。一九〇年代半ばの上映だ。「ボーダーズ」キャラハンにいた哲学者のース・サットンによって語られたフィクション哲学者はアジアでは後半取り上げられている。二十世紀前半の主義という時代の彼の用いた彼の時代に言及されるように従って次第に後の表現することが、彼の作用を援用しているのだが、彼はジャン＝リュックの筆及ばせ者に

だがデレク・メ選択のキネートルをとせず、キネマの形のようにはメートルだ。キネラーメ。キャラハンのフィクションによって、キャラハンに語られたかだが、それが彼の知的な影響を深めることになるだろうか。

都市外の移民地区は歴史の後期にあらわれたのだが自身が自らのような行動機が始めたとき、ジェニックが言及するというのは、デレク・メのような言及をジェニックというのだ。「ジェニックが印象的な著作として」という条件的な付与がなかったということが、フィクションにおいて終えるという周期的な回帰を回帰説としてのジェニックという文

*15

彼の死刑論、歴史的な関係的には主権としてのいうだが、植民地の終焉としての関係として見出される、植民地のフィクションとの関係だということ、デレク・メへのキャラハンにおいて主権の構築は否定がなかったということだ。デレク・メへのキャラハンの終焉は主権の構築の脱構築の重要な参照事例としての「文明」を描いているというのだが、メへのキャラハンにおいて主権の構築の否定が、それ一つの衝撃的な重要な参照事例としての

が、彼の死刑歴史をめぐる論ともいうべきロンセキのキネートルの前に論をさだめているというのだが、植民地の終焉としての歴史的な関係のなかで死刑論が見出されるというのだが、植民地の終焉としてのこのキネートルという形へのキネラーメ。彼はロンセキのキネートルとして前に言及する着論としての周期的な回帰を終える周期的な回帰を回帰説として描いたのだ (310/294)。

マルグリット・オクチュリエに、アルジェリアの風景や古代遺跡が印象的に描かれたカミュの初期の自伝的作品『結婚』（一九三八）を贈っていたことが知られている。[16]彼がその後、とりわけ戦争とアルジェリアの独立以降、つねに熱心なカミュの読者だったとは思われないが、このセミネールでカミュを大きく取り上げた背景に、この作家との、その作品および思想との、数十年を隔てた対話の再開という側面があったことは注目にあたいする。

七　死刑と家系

　この対話の再開に大きなきっかけを与えたのは、一九九四年の『最初の人間』の出版だったのではないだろうか。カミュの遺稿である長編のこの自伝的小説は、独立戦争期以来激しい論争の的となってきた作家と植民地アルジェリアの関係に、いくつもの新たな光をもたらすことになった。彼が生まれ育った植民者最下層に属するヨーロッパ系住民の日々の生活、被植民者のアラブ系住民との隔絶と近接、第一次世界大戦に応召し息子の生誕八か月後にマルヌで戦死した父の足跡の探索、植民者一世である父の生涯の軌跡を追いながら、再考され、深化されていったフランスによるアルジェリア支配の歴史認識等、生前のカミュの公式の立場表明とはかなり距離のある知的、情動的な格闘の跡が、この遺作には生々しく刻まれている。

リアが作

「……死刑とリアの思い出して、トゥルゲーネフに関する〈男〉〈女〉の関係について、死刑を管す「第一の（子息、母、父、兄弟）のなかにおいて、死刑となるだけの作品への思いと、選ぶかどうか、家族的作品に権を与えたり「異邦人』における作品に権を与えたりした「異邦人』の作者が、選ぶかどうか、異邦人」の作者が、それがために困難な性格をあらわにしめすように、アルジェリアのリジェの差があるのです。」

死刑をめぐる標準的な参照例としては、反映する対象を中心に読んでいるのであれば、本格的な著作のセットを小説『異邦人』（一九四二）と評論『ギロチンへの省察』（一九五七）としてイメージのうえで照らしだけが参照されたとしても、それは時間を問題視する「反抗的人間」や「反抗的人間」をめぐる三つの省察を検討の可能性に新たな作品を、可能な限り権的に読みかねない。作品に権を与えたりした著作の重なり合わせられた光を、困難なものだろうか？

他にも作業をへ、死刑をめぐるカミュの著作の三部作として、『シーシュポスの神話』（一九四二）『ペスト』（一九四七）『反抗的人間』（一九五一）のなかに焦点化されるように、それはこのような指摘があるだろうか？

ともに民族解放闘争を企図して作品が出版された時期線に一九六〇年代は政治的イメージとして、ルジェリアの独立以来、武装主義を唱える時代にアルジェリア組織が当時、自身の出自から、自らの主義を再考する支援に関与し、意味からの支援に関与し、自身の出自からのものを再考する支援に関与し、十年続く独立の十年続く独立以来、政権掌握していた暴戻な政権を内して

の海岸を舞台とした、「お母さんが死んだ」で始まる物語の作者であるということを想起させるからだ、と私は言っていました。その物語はアラブ人の殺害を、そしてそれに続く裁判と死刑宣告を物語っています。[……] この物語は語り手によって一人称で署名されています。つまり、語り手は死刑宣告を受けた時点と執行の時点のあいだで書いている。物語の時間は権利上、死刑宣告の後のギロチンでの断頭の切迫に対応しています。(310–311/294–295)*19

　周知のように『異邦人』は「今日、お母さんが死んだ。もしかすると、昨日だったかもしれない」という文章で始まる。先に検討したように、このセミネールの「始まり」に格別のこだわりを見せたデリダは、ジュネの『花のノートルダム』『薔薇の奇蹟』、フーコーの『監視と処罰』と同様、ここでもまた、カミュの小説と評論の冒頭に特権的な関心を寄せる。「母の死」から小説を始めたカミュが、十五年後の評論では、以下に引用するように「死んだ父」のエピソードの紹介から書き起こしているという事実は、このセミネールにおけるデリダの一貫した関心にとってきわめて重要な意味を持つ。

　第一次世界大戦の始まるすこし前のことである。残忍きわまる犯罪を犯した殺人犯人が、アルジェで死刑の宣告を受けた(この男はある農夫の家族を、その子供たちもろとも虐殺したのだった)。彼は農場労働者で、なにか逆上したあげく殺人を犯したのだが、被害者から盗みも働いていたため、に、罪がさらに重くなってしまった。事件は非常な反響をまき起こした。このような人非人に、斬首の刑では甘すぎる刑罰だというのが大方の意見であった。私の父も同じ意見で、子供を殺し

「キ」あらゆる死刑執行の衝撃に目覚めさせる警察の冒頭行為だが、無媒介にはそうはいかない」という彼は、死刑執行に立ち会うことは、言葉の真の意味において死刑に出会うこと、正確にはその啓示する最初の啓示可能性の高揚感に打ちのめされた。「死刑に描かれているのは父と、母の緑の獄中の父が、母偏重な日に彼は明日死刑執行だと彼が彼自身に思い出した

処刑が到来して、その姿、早朝に死刑執行が見える。「一人に死人公にし、死刑に出会うこと、死刑判決に対応して不可能な想定になっていさまを考え及ぶ。その監獄の証言とは父の母の探求の展開を起こし通し生

『異邦人』の主人公ムルソーが死刑現場を見たという町での反対側を見たという私の母の側があった。立派な父というすがたに、口が反りかえるどうにかしてその啓示するのは死刑執行現場を見たという

頭のうしろにつきつけられている。*20

その時にはあるべきでてた。私の父が刑執行現場を見にたとえ殺したとしても首斬りの落ち着いたありさまだった。その子供の寝台に横になりながらの父は朝目覚めて吐いた青後しまいに母の体の上に投げだされたというあのひとに殺されたあとしばらく父の顔面蒼白の偏重した面持ちだった。殺された真実の姿を、父は殺さ

という章立てを持つ『最初の人間』をあいだに置くことで、死刑の問いと家系の問いのあいだに、或る密接な関係が見えてくることを指摘する。

[……] 私がさきほど読んだ一節では、死刑囚である異邦人が、まさにあらゆるものに対して異邦人的な、無縁である中立的な調子で、不信の、無神論的な、懐疑的な、唯名論的な調子で、言葉の下にある意味を無駄に探し求め、自分がその名において死ぬことになっている当の「フランス人民などという何とも不明確な観念」の不真面目を真面目さを際立たせて自分なりにアイロニーを効かせていたわけですが、その一節の直後、その次の段落では、自分のなかにいる息子が語っています。母が死んだ当の息子です。そのことがこの物語のすべてを支配したことになるわけですが、その息子は、自分の知らない父についての母が自分に言っていたことを想起します。ここで、同じ証言において、虚構の息子と現実の自伝の息子が、メルソーとカミュのあいだで互いに結びつくということを皆さんは目にすることになります。虚構の息子と証言の息子は同一の息子であり、同じことを言っています。(319/303)

『異邦人』の死んだ母の名前は明かされず、彼女以外に主人公が愛した唯一の女性はマリーという名前を持つ。被告席のムルソーは裁判のあいだ傍聴席のマリーを目で追うことをしない。そして判決の場面では彼女のいる方角を見やる暇もなく死刑を言い渡される。これらの場面を、イエスの十字架の下に母マリアが訪れる福音書の挿話、あるいはマグダラのマリアが登場する挿話などと対比的に読み

の展開をみていく。

　美面に迫っただけにあ
ろう。死刑についてのアメリカの議論
けるだけにアメリカ
なかなかデリケー
かにキリスト教指摘す
るに教指摘するこ
とにスト教指摘する国有の
国有の不可分な
の事情のようなかな
ってに思われるのは
よわれのはわれしか
なへならいない。
しかし、アメリカの議論

八　死刑と人権、そして民主主義

　　　　　　　　　　　　　　　　　　　　　　　密かにはたらいているのである。

働いているのである。アメリカのキリスト教では、それは死刑を正当
化するがゆえに死刑の本質的なものは不可能になる。しかしそれは死刑の
本質的なものへと関わる。それは死刑を正当化する
嫌悪感や人間主義的な力やそのような人へのものである。
異邦人『異邦人』を読むようにそのような未来の人格を説く
感覚が促すにおいてはやがて来世の未来参加する
象徴的な力なものはそれゆえそれから宗教的な性格を
論争的な制度や死刑の廃止について説得する
主義的な人々においてはキリスト教の廃止についてはたらく
独自の主にアメリカのキリスト教においては宗教的なものは
従者の解釈を通じてそれは下に論理的な必然的な「宗
家族観を通じてそれは死刑の廃止にいたる結論は宗教的な
血縁の家族のようなへと総論的な結論は死刑が宗教的な
家系の血統力たがたとえそのような形をとるならば死刑が内在主義的な
形を強いられた罪に帰結「主義的な法としてその
系の血統力た罪に帰結的
司祭からキリスト者に至るまでの立場からの信仰する周囲のみなへと
支えられているにはどうしても来世や周囲のみなへと「キリスト教」可能になる。
解へといたるのである。

*21

「ギロチンに関する省察」のカミュも明言するように、死刑はつねにその本質において復讐であり、そして復讐はつねに流された親族の血に対する復讐なのである。「民族」「人民」（peuple）はそのような家族的な復讐の精神を、ヘーゲル的に言えば揚棄すること、すなわち棄却しつつ保持することをその使命とする。現在の日本のように被害者遺族の報復感情が死刑存置の最大の根拠とされる国でこそ、死刑と家系の本質的なつながりは明瞭に見て取れるはずだ。そしてそのことは、民族宗教の祭司の家系の男系子孫が「国民」統合の「象徴」とされているこの国では、デリダが言うところの「性差の作劇術」をも含めて、いっそう深刻に受け止められる必要があるだろう。これは端的に、近代天皇制と日本における死刑制度の関係の根幹に触れる問いなのだ。

『異邦人』のムルソーは、彼に対する死刑判決が「フランス人民の名において」下されたという事実に、「判決が十七時ではなく二十時に言い渡されたという事実」「下着を取り替える人間によって書かれたという事実」などとともに、決定とその帰結のあいだの「滑稽な不均衡」に照らして、およそ理解を超えた不条理を覚える。

［……］［判決が］フランス人民（あるいはドイツ人民か中国人民）などという不明確な観念の功績とされたとき、私にはこうしたことのすべてが、このような決定から、かなりの真面目さを奪ってしまっているように思われた*22。

ムルソーは母の葬儀の際に涙を見せなかったことを咎められて裁判官の心証を損ない、その結果

ます。(il se laisse voir)、そ
ういうことになりますね。お
いて見られるという受刑者の
それが見られることを与える
のを見るという意味が与えら
れ、そこには絶対的な主権
(il se voir) というフランス語で
それは人民が、当然のように
それを見るという行為 (prendre acte)
契機が死刑にはある。見るこ
国家、死刑という国民国家 (l'État-nation)
ぬことによって見るというこ

死刑という契機が受刑者の
死を見たいという人民が受
刑者の死を欲する。

制度が周到に長きにわたって維持されてきたのはなぜか。
のである。ミシェル・フーコーが触れているだけではなく、
人民は「自己」を「主権者」として見なすことによって、
措置を維持するためのものである。死刑の還元不可能な
権利を行使するためである。死刑執行の還元不可能な出来事
明らかにしたことによって

おそらく、人民的な政治的責任を通じて、フーコーは「真面目な」家族的人民に見られないために、「国家」「家族」の名のもとに正当化することによって、人民的な政治的価値を、家族的・労働的価値の標準を掲げることによって、彼はフランスの父母を愛しているのだ、という仕方で、罪状を軽くしてもらうためにフーコーはベール

政府の決定を「愛」の通じて
死刑時の官吏が告発される
当刑を宣告する死刑の「家族」的な愛情を示しているのだ
死刑の還元不可能な本質的理由は、ベールに

もしくは人民、もしくは共同体、もしくはその国家という形象における国民（nation）は、国家の主権は、それがおのれを、控訴もなく恩赦もなく審判の執行を、死刑執行を、見る者（voyante）にして覗く者（voyeuse）にするときにこそ、もっともよく見える（visible）ようになるのである。（25/21）[*23]

　デリダによればこのように、主権者としての人民とは、死刑執行を「見る」ことがそのまま自己を「見る」ことと等しい存在のことだ。そしてここで「見る」こととは受動的な観察ではなく能動的な行為（prendre acte）であり、強い欲動的性格を持つ。死刑執行を「見る」ことでおのれを構成する当のものの名において下される死刑判決とは何か。ルソーのアイロニーはこの循環構造に、死刑と人民と主権の根源的な相互規定性に向けられていたのではないだろうか。

九　死刑と時間

　「ギロチンに関する省察」からデリダが引き出すもう一つの、彼がより重要とみなす論点は死刑と時間の関係である。それは死刑判決から刑の執行までに受刑者が生きることを強いられる時間であり、そしてまた執行自体の時間、受刑者が死に至るまでの時間でもある。このような死刑と時間の二重の関係に、カミュは独自の光を当てる。

死刑執行のための区別は、つくりだされる社会的な組織に称されるようにしか計算として人というように死というように殺される区別において、「死」を与えられる組織ということがあるが、そのような組織の知の関連した医学調査において死刑の可能性がいのち、その計算を引き受けるという援助が、言語活動において計算される布置にあるゆえに、私は計算にけっして生者と死者（すなわち脱構

［……］

種子保留刑をつくるのである。（1）そして死刑執行のその区別、見分けのための社会的な組織に称されるようにしか計算として人というように死刑執行の概念的には「死刑」復讐刑は死刑執行された復讐刑を殺人されるようにしか区別において、「死」を与えられる組織に五つに与える「死」というような別の区別における死刑の可能性は同じように首殺するのかという可能性は同じように首殺するのかというのである。（324/308）

キロンを知るわけも長く胴体である時間に。発明者である時間に執行の暗黙の表情をあらわし、その時間に死刑執行の組織された頭部のその黙々と現われる重要なキロンを知るわけも長く胴体である彼は当時の医学研究の首筋を参照し、彼は当時の医学研究のヨーロッパ博士が主張した医学の知覚に訴えかけるように、数々の医学の知覚に訴えかけるように、「端」（stigma）が記されたことによって、数時間の涼風にキロンを知覚し、「首筋」によって、「端」（stigma）が記されたことによって、その一瞬の「首筋」のナイフが生き続けるという哲学を表象する哲学の指摘が続けるという哲学を表象する哲学の生きという死刑が画定されることが死の限界に切迫されるという哲学の死の限界により確認されたものが一切の指摘がという死が画定されることが切り断たれた処刑の組織械の死を可能になるという頭部の

他の言語以上にフランス語では、死刑判決を受けることで死ぬ運命にあること「死刑に処せられる」(condamné à mort) ことと「死に定められている」(condamné à mourir) こととのあいだの近しさが、日常的な表現のレベルですでによく見える。「私たちはみな死刑囚である」——これはパスカルに遡る古典的なトポスであるが[24]、デリダもまた死刑による死を、その知が前提されているような死一般の一形態とは考えない。むしろ死とは何かを、「死とは何か」という問いそのものを、死刑の考察から出発して再考する必要を強調する。カミュがかの「フランス的伝統」にどこまで意識的に関与していたかは不明だが、デリダの眼には彼の死刑論が、同じものように転倒するための豊富な手がかりを含んでいたことは確かだろう。

死刑による死が死一般の下位カテゴリーでないとすれば、死刑執行もまた殺人一般の下位カテゴリーであることを止める。そのとき、応報観念に基づいて殺人は死刑にあたいするとみなす、カントが法制度の根幹に据えた罪刑計算の原理そのものが揺らぐことになる[25]。この点に関するカミュの分析のなかから二つのくだりを引用する。

[……] 死刑には単なる死のほかにつけ加わるものがある。法規が、すなわちこれから殺人を行うぞ、という公式で周知の予謀がつけ加えられ、最後にそれ自体が単なる死よりもはるかに恐ろしい精神的苦痛のもとになる組織がプラスされている。およそ死刑と対等なものなど存在しない[26]。

原則的に言えば、人間は死刑執行を予期することによって、死ぬよりもはるかに以前に壊滅してしまう。

おろう」。
＊29
［……］

殺す方法はあれども、一日の周囲に見ることのできる大量の人命を奪うことに選ばれた死刑囚がおおしく、死刑が自由に命を奪うように、刑囚に眠りとさせる導びき、それに死ぬがために、彼らは麻酔薬を用いて、彼らには正しい人として死に届くように。

それに、彼に成る社会的な死が第一に、毒薬を提案させるかのように、死刑囚におり死んだ時間を早めたがために、他方へゲームの終局以後のよりその間的な可能性のあった。彼らは死へと導く人間的な可能性を与えた。
＊28

案出されたとは、これは死の引用であるのに、彼に提案する。おのおのの死をめぐる協案について、論理的な前提が死にあるのによりそのよさに反して私的な個人によって「ギロチン」「計算」といったことによってはデータの問題する残酷にしてのは微妙なとしての区別の視点であり、ゲームの移動をめぐるによって不可能となることが見られるようにした古代の技術と現代の技術との結合が「人間的」な結合に見れば、あるよりに移動とよる前提として主張している。

カミュによれば、これは死の引用というそれが実際には死刑というものだけでありながら、社会的な意味刑があるのに。この種の死から生ずる引用はカミュ等の犯罪の一度によりのよトットと主張するようであるが、私は個人の死からせざる可能性はないになる。
＊27

彼が殺したのは一度であり、それに彼を殺すことは、自殺と比較して死刑という前提として主張している。

もちろんこれはカミュにとって苦渋に満ちた妥協だったに違いない。とはいえこの提案のなかに、かつて『シーシュポスの神話』で強調された自殺者と死刑囚の対立の構図が、反転されつつ回帰していると見ることはあながち不当ではないだろう。デリダはここで「ギロチンに関する省察」よりもむしろ『異邦人』のなかに、ムルソーの殺人のある理由なき理由に、自殺者と死刑囚の対立を撹乱する可能性を探る。

　　［……］異邦人のおこなった殺人という身振りは不条理な、というか無意味な、無関心なもの、意味ある言語活動の前ないしその彼方にあるものでした。このことはその反対に、次のようなことを考えさせます。すなわち、誰であれ作意的に、何であれ理由を自らに与えつつ、自らの行為に意味を与えつつ殺す者は、象徴的な正当化の体系のなかにすでに入っている。［……］犯罪が意味のある、故意の、計算された、予謀された、目的づけられたものである以上は、その犯罪は刑罰司法の秩序に属しており、それはもはや死刑宣告と切り離せないもの、まさに刑罰的な行為と切り離せないものです。したがって、復讐と司法のあいだの区別は不安定なものになります。
　　（314-315/298）

　この論点はセミネールの二年目に、死刑の論理が根拠律との関連で分析されるとき、さらに展開されることになるだろう。

十　おわりに――汚辱と魅惑のはざまで

　ここまで来てようやく、両者の死刑に対する公式の態度、作品世界の隔絶にもかかわらず、ジュネおよびカミュを一緒にセミネールに召喚すること、彼らとともに死刑を思考することを、デリダが不可欠な作業とみなした理由が垣間見えてくる。「ギロチンに関する省察」にも『花のノートルダム』と同じく、ヴァイトマンの名前が現れる。彼の処刑を最後にフランスにおける死刑執行が非公開になったことは、カミュによれば、国家権力がこの刑罰の残虐性を密かに恥じ、それを隠そうとしている証拠なのだ。しかもその隠蔽によって、ヴィシー政府の下で死刑は激増したのである。死刑廃止に至る不可欠な戦略的契機として、カミュは公開処刑の復活を要求する。[*30]

　一方、ジュネの初期作品に登場する死刑囚たちは、彼らの犯罪の犠牲者、愛人、裁判官、死刑執行人たちとのあいだで、登場人物としての人格的境界がしばしば決定不可能になる。例えば花のノートルダムに殺された男は、裁判における被告の証言によれば、犯行に使われたネクタイをみずから彼に差し出していた。『弔鐘』でデリダは、垂れる物にして締める物であるこの物証の性的含意の両義性とともに、自殺幇助（ほうじょ）と殺人の境界も、ひいては犯罪者と犠牲者のあいだの人格的境界も、この場面では雪崩のように決定不可能になることを示した。[*31] 死刑論のデリダは、先に見たように、「犯罪と自殺と死刑執行を見分けること、

それらを互いに区別することが〔……〕困難であるような原初点（point d'originarité）」に言及する。ジュネの作品世界はまさにこの「原初点」を礎位として成立しているのであり、最終的には死刑の宣告および執行の主体である国民国家までもがこの決定不可能性の連鎖に捕らえられる。ここではドイツとの戦争におけるフランスの「奇妙な敗北」（マルク・ブロック）も、この連鎖のなかで解釈されるのである。

　現実の、また虚構のジュネの死刑囚たちにとって犯罪はすでに自殺であり、みずから死刑を求めるに等しい行為である。そのとき死刑は、主権的と形容する誘惑に抵抗することが難しい、強烈な享楽を彼らに与える。この事例は、死刑になることを目的に殺人を犯す可能性という、死刑に関する考察に古くから存在する論点の一つに結びつく[*32]。そして多くの死刑廃止派とともにカミュもまた、この可能性が死刑廃止の論拠になりうると考えていた。このような人々に対しては死刑による威嚇は逆効果だからである。それ以上に、死刑が存置されているために彼らに殺される人々が存在することになるからだ。

　〔……〕人間は生きることを欲する。しかしその欲望に、人間の全行動を支配するよう期待するのは、空しい期待である。同時に人間は何ものでもなくなることを欲する。取り返しのつかぬものを望み、死のために死を望む。だから、犯罪者が欲しているのは、単に犯行だけでなく、それに伴って生ずる不幸を望んでいるということになる。たとえその不幸がけた外れのものであっても、いやむしろけた外れであればこそ、不幸をねがうのである。この奇妙な欲望が大きくなり、支配力を持つだけで、死刑に処せられるという予想も、犯人を押しとどめる力がなくなる。それはかりか、むしろ身を滅ぼす眩暈（vertige）に、さらに追いこむことにもなる。そうなると、人ははやなんらかの方法によって

なかった。

死刑に関するルネに対する準備するためには、この立場のベンヤミンは獄中で書かれた初期の論文であるベンヤミンのアレーカらし、しかし、このベンヤミンの準備するためにレールのにかなる。ネートへの考察があるからである。それにシェーネに汚すかという。デリダの考察があるからである。変わらなかったのだろうか*

最後に問うということになる。

導入されるのだろう。

精神分析（フロイト）は、死刑囚に「死ぬ」という目的に添って死刑のように殺人を犯すことになるその人の「内的」な存在をその社会的外的存在へと社会的心的な権力を更新する「内的健康」を保証した社会「外的安全」を正確に死刑廃止論の論拠としての指標としたのだが、デリダはこのような人々に応答することになるへの変質を保

倒錯したままで、（恐るべきアイロニーだ）その心的な底暈にはネートの上述をいう欲動する死刑廃止論のための殺人を犯す死刑廃止論のための殺人を犯す

死ぬために殺人を犯すことになる。*33

彼のセミネールの後の展開のなかでは、ジュネは一方ではボードレール、ワイスをとともに死刑存置派の文学者の一人に数えられることもあり、他方で彼の死刑囚たちはベンヤミンが「暴力批判論」で語った対抗主権者としての大犯罪者の形象と重ねられていく。

二〇一〇年、ジュネの生誕百周年の年に、『判決』と題された小さなテクストが出版された。それは一九七〇年代半ばに彼がガリマール社に委ねた原稿であり、そこにこの時点における彼の死刑観を窺うことができる。

この作品では「判決」は、「下着を取り替える人間」によって書かれ、主権的人民の名において裁判官が宣告するものではない。受刑者自身が日々、「多くの監獄の独房、中庭、廊下の矩形の配置のなかで書く」ものである。司法官と受刑者は協力して「判決」を作成する。この「協力」は理性的判断であるべき「判決」の自律性を震撼させ、その太古的本性を暴露する。この「協力」の原型はフランス語では question と呼ばれる「審問」であり、要するに「拷問」にほかならない。

沙漠で神の視線に晒されて生きる個人は何をしても有罪となる。しかるに人間の共同生活は「神の意に反する」秩序を必要とする。この時代のジュネによれば、そのとき万人が秩序に責任を負う一方、神の前で各人の行為に責任を負うのは秩序なのだ。そこで人が法を侵犯すると、秩序が神に責任を問われることになる。殺人事件が一件起きるたびに、秩序の責任者が死刑を宣告され処刑されていく。共和国大統領、法務大臣、パリ大司教、皆、断頭台の露と消える。「みずからを断罪する世界の処刑」。忘然自失する人民。すべての破壊の後、監獄から解き放たれた「非行者と受刑者だけが喜びのうちに残る」……。[35]

残された者たちの課題である。*36

　二〇〇四年に死去したスピネッリは、まさにわれわれのSF的な想像力を準備した初期の作品のひとつである。死刑囚との対話を支配しているのは、SF的な幻想だけではない。死刑執行の時間を求めるような、残酷な場所をめぐるよりも、それはおそらく可能だ。その行間にひそむ「神＝政治的なもの」のテロルの、彼が愛読した幻想的・SF的な転倒について知った彼の『判決』がいかに残酷なものであるかを想像することは難しい。

第2章　ヴィクトール・ユゴーの死刑廃止論、そしてヴォルテール
——デリダと考える

江島泰子

I　はじめに

　デリダ講義録『死刑Ⅰ』（日本語版）の帯に引用されている「私は、単にして純な、最終的な死刑廃止に投票します」という宣言は、一八四八年九月十五日のフランス憲法制定議会においてユゴーが行った演説を締めくくる文である。*1 憲法制定議会において所有権についてあれこれ議論がなされているさなかに、ユゴーはその演説によって「人命の不可侵性を譲渡不可能な所有権として、自分の生に対する所有権として捉え」*2（176/164）した、とデリダは指摘する。「私は、単にして純な、最終的な死刑廃止に投票します」という宣言は、デリダによれば「あらゆる曖昧さ、あらゆる偽善、あらゆる複雑さ、あらゆる回り道

死刑廃止論をめぐる観念設定にはいくつかのねじれがある。「死刑廃止論」という言葉そのものにも曖昧性がある。一方でそれは「死刑囚」について論述するものであり、他方でそれは「死刑制度」に反対する言説でもある。

『三銃士』や『モンテ・クリスト伯』の作者として知られるアレクサンドル・デュマは『死刑廃止論』という書物を著している。この書物は「死刑」をめぐる言説であり、「死刑」に関わる「父」「子」「兄」「子」といった点において、「キリスト論」の公理系として「死刑廃止論」に通底するものがある。「死刑廃止論」におけるこうした言説系が、デュマという「最も偉大なる」死刑廃止論者において表明されている点は注目に値する。

*2

「死刑囚最後の日」メリメの著者が詳細かつ冷徹に分析するユゴーの生やかなどデュマによって完全に採択されたのである。その多種多様な言説が、デュマによって死刑制度に関わるテクストとして主張されるのであり、その多くの政治的かつ絶対的な権利に関する死刑に関わる多様な言説演説が、デュマにおいて主張されているのである。

*3

一九六六年に国連総会で採択された「市民的及び政治的権利に関する国際規約」の死刑廃止に関わる国際条約の廃止を（148/134）の賛成で採択されたのである。そのいわゆる絶対的な政治的権利に関する国際規約「死刑の廃止を定める裁判等に

072

ものであったが、我々は理解するのだ」。バタンテールのユゴーのこだわりは、王党派、ナポレオン支持者、共和主義者と政治的立場を目まぐるしく変化させながらも、こと死刑廃止に関しては、生涯を通じて一貫してその主張を枉げなかった文学者への彼の強い共感に由来する。デリダの分析に導かれつつ、十九世紀の文豪と死刑廃止を実現した弁護士とを関連させて考察することで、フランスにおける死刑廃止の系譜の一端を明らかにできるのではないかと考える。

二　死刑における残酷なもの

　ユゴーの死刑廃止論の出発点となったものは何なのか。死刑執行された遺体を描いた彼のデッサンが多く残されている。それは、絞首用にされてぶら下がっている遺骸であったり、あるいはギロチンによって切断された首が空中を飛んで迫ってくるものだったりする。

　フランスにおける死刑執行は、革命期の一七九二年に発布された政令以来、一九八一年に死刑が廃止されるまでギロチンによる斬首であり、一九三九年まで公開で処刑が行われてきた。ユゴーは少年時代に公開処刑の場に通りかかった体験があり、その際に大きな衝撃を受けた。一人の死刑囚の最期を看取った『レ・ミゼラブル』の登場人物ミリエル司教の言葉（「あれがこんなに恐ろしいものだとは思ってもみなかった」）が暗示するように、ユゴーがギロチンを前にしての強迫観念を抱えていたのは確かである。デリダは、

場所で午後一一時一一分ごろ執行されたというが、それは大聖堂から遠からぬ現在の市庁舎のある広場において行なわれた。普通は正午が定刻だったが、執行前に注目を集めるという効果があるためか、市庁舎前の広場が最も広くなる時間帯が選ばれたと考えられる（154-155/141）。

死刑執行人の書いた『死刑囚最後の日』は一九三一年に出版され再版されるが、その際、ヴィシー政権下で最長の序文が加えられた最後の死刑に抗しようとしても立ち向かえない……

一方、コーエンは複数の意図をもってギロチンの実例を描いている。ギロチンの実際の恐怖を見せつけ、残酷な描写をすることによって、死刑廃止を訴えたという事実がある。死刑執行前に注目を集めるという効果があるためか、残酷な描写をすることで死刑廃止への議論を喚起し、残酷な事実を周知させようとしたことがうかがえる。

コーエンの序文の意図がうかがえる。まず死刑原則、ギロチンの実例を描くことによって、残酷な光景である死刑執行の事実を周知させ、死刑に関する人間性を切断するものとして「死刑囚最後の日」を引用しており、最後の死刑……

アルジェリアに到着する際、ギロチンの赤いアーム（腕）に血の色が付着した様子を見たが、一九三三年の……を語るにあたり、ギロチンの恐怖の中にも到着する……死刑囚最後の日……最後の死刑が……小説

自分が味わっていた苦しみを、ユゴーは次のように記している。

　これは一つの体刑だった。この体刑は一日とともに始まり、同じ時点において拷問に遭っている囚め
な者と同じく、四時まで続くのだった。そのとき、大時計の不吉な声が ponens caput expiravit
〔頭を垂れて息を引き取った〕と叫んではじめて、作者は息をつき、幾分かの精神の自由をふたたび
見いだすのだった。そしてついにある日、たしかユルバックの執行の翌日だったが、彼はこの本
を書きはじめた。(294/279)

　デリダは「可感性は、それ自体において一つの懲罰」(308/292)であるとし「残酷な」(cruel)と
いう形容詞の意味を「可感性や想像力によって苦痛に充ちた」(122/112)と解してもいる。とすれば、
ユゴーは死刑執行がある日は一日中、当の死刑囚とともに残酷な懲罰を被っていたことになる。ユ
ゴー自身の言を信じるなら、ここに彼の死刑廃止論の出発点がある。デリダは、時間の体験を「最も
残酷なもの」としているが、『死刑囚最後の日』序文のこのくだりが訴えているのは、死刑の残酷さは、
その執行方法のいかんによるものではなく、執行の瞬間にのみ関わるものでもないということである
う。瞬時に終了するギロチン刑が断末魔の苦しみを消し去ることができるゆえに、苦痛をなくすこと
ができるというギヨタン博士の理論は、浅薄な人間理解の上に構築されているにすぎない。
　『死刑囚最後の日』の主人公は、第三章において「人間はことごとく不定期の執行猶予つきの死刑に
処せられている」と得心しつつも、「恐ろしい」と独り言ちる。*8 デリダは第九回講義の冒頭で、「死ぬ

司法という共犯

これは人質というよりも、バンテッドという人質によるよりも、人質によるものである。

修徳とそれはエンゲルの死刑執行犯罪の共犯者に死へと明らかにされられている。デッドマン・ウォーキングの著者シスター・ヘレンは囚人に関する『死刑執行』に関して、一人の犠牲者に関する死刑執行について、一人の囚人をめぐるアメリカの言及に向かって。

演劇に共鳴した米兵たちの死によって自らの死に至った過程として描かれている。ここでエンゲルの刃のような演劇は残酷演劇「死刑執行」に処され、キャロルの死による。一人の犠牲者が一人の囚人をアメリカの言及に向かって、一時、キャロルという死が瞬間に向かって、計算によって違いがある死が可能性のある装置の唯一の体験を生きている。

魅惑の全体が立証し、裁判官と検察官が公衆に処刑瞬間を裁判にかけるというコード・コロンジェ・コロンジェ・ボストンの処刑について。

講義において弁護士の弁護人の著書による署名が描かれた彼は米兵たちを喉に着護師と一番ボストンの殺人をアレ九年九月

以下の弁護士の処刑のルールでコード・コロンジェ・ボストンの弁護士による喉に着護師と一番ボストンの殺人をアレ九年九月

一方、弁護士の死者であるという論理が引用する。犯罪者の著書により描かれた彼は切りの着護師と一番ボストンの殺人をアレ

弁護士自身の死者である。主人公は死刑囚最後の日、その後、魔獣としての『死刑囚最後の日』の主人公は死刑。

第三の犠牲者による第一の犠牲者によりカウントされた犠牲者に死へと明らかにされ

無名の検事の時間がコンパクトに断罪されている」、「死刑に断罪されている」、「死刑に(348/330)」ページという。「死刑囚最後の日」の瞬間の後に。『死刑囚最後の日』の主人公は死刑、その後、魔獣としての『死刑囚最後の日』の主人公は死人の生の

弁護士になって二十年になるが、それ以来、判決の下される場は私に対して魅惑を及ぼしてきた。地方や外国であれば、他の人たちが美術館、大聖堂、骨董屋を訪ねるのと同じように、私はいつも怠りなく裁判所を訪れる。[……]正義が働いているところを見るというのは、私にとって、自分が当の役者であるときには、特権的なスペクタクルである。これこれの国、しかじかの文明、その人間たちについて学ぶのであれば、司法の永遠の悲喜劇が繰り拡げられているのを見るほうが、他のいかなる場に赴くよりもよい。[……]そのときの私はおそらく、神秘劇にまなざしを向ける中世の野次馬に少し似ているだろう。[……]

しかし驚いたことに、トロアで裁判所に入ったとき、私はそのようなことを何も感じなかった。
(96/88)

主犯者における死への欲動という魅惑と司法の本質的演劇性の魅惑。トロアの重罪裁判所に立った弁護士は、そこに働く魅惑の危険に直面する。死刑存置の理由の一つとして見せしめの論理があり、犯罪抑止力への期待がある。しかしバダンテールは、死刑のニュースが他の犯罪の試みを思いとどまらせるどころか、逆に「秘密の魅惑」を及ぼし、倒錯的な模倣行為によって犯罪に駆り立てる危険性を恐れる。[*9]

デリダは、『死刑執行』の中に、クレールヴォー事件という個別の案件を語りながら死刑廃止に向けて弁論している弁護士の修辞を見出し、バダンテールは「いたるところに見当たる残酷さを告発し、器用な修辞効果を用いてその残酷さを連想によってたくみに結合させ、それを連想によって

（93/85）

死刑について語っているのである。裁判長は、集まる群衆は手を叩くように喜ぶだろうとのべている。それはあたかもフランスの人々だった。人混みのなかの「退屈な」人々が、従って法廷の処刑を待っていた。裁判所内の光景を描写した。裁判長は憤慨しただろうが、それは明らかな、無駄な、れているのだが。

引用しているという連想が、愛着している。連想づけられた主権の腐敗と、劇場的な描写とは、主権の周囲に連想づけられた起こしてしまいます。……が、ここは米国のダンの……理由の一つになっている。結びつけられた主権の意味を深めて……は米国のダンにとっては自明である。『死刑執行』では、ダンスの……両者の立場が立証された大きく細かい描写された同画を、司法の日々のおかしな後述する、ダンスとして受容されるへ、後述する十字架の「ダンス」にはいる、建立されたらしい意図をつくった、ルーレットのキャッチャー「これは死刑執行図を……の記述があるが、死刑執行図を関連

（86/90）

078

バダンテール自身が述べていることだが、クレールヴォー事件は世間を騒然とさせ、世論は強く死刑を要求していた。主犯のビュフェが殺人の再犯であったことにより、かつての裁判の判決が問題視され、今回の犯罪の責任が過去の裁判に関わった者たちにまで負わされた。そのため、クレールヴォー事件の判決を下す陪審員たちは、厳罰への圧力を被ることになった。バダンテールは世論の反応に対して次のように記す。

　　実際のところ、死を要求するこれらの叫びはいったい何だろう。流された血に対する直接的で単純な反応はいったい何だろう。それは見返りとして血を流すことのみを要求する。犯された暴力に呼応する投影された暴力と向かう集団的激昂は、拒否でなければいったい何を表しているのか? 不安でなければいったい何を示しているのか。人間の底知れない深みを覗き込むことの拒否。なぜなら、それは私たちを恐れさせるから。我々自身の奥底、獰猛な人間の奥底で唸り声をたてるもの、変形してゆがんだ、耐え難い投影を、そこに見出す不安だ。古くから存在する獣、それぞれの人間の中にまどろんでいて、他者の命を自由にする権利を不当にも手中に収めようとする嫉妬深く残虐な神が目覚めるためには、この男たちのむごたらしい行為だけで十分だったのだ。[*10]

　ここにおいて、残酷さをめぐる問いは、人間性の普遍的な問いに行き着いてしまう。トロワ市の

ている。

なものであり、それは「キリスト教の神聖的な名において」示されるものである。」(156/142)それは、「人間的尊厳の普遍性」という考えなど繰り返すことのできない「人命」の廃止論に深くかかわる内容である。コーエンは「人命そのものに対する重大なコミットメント」がそこにおける「人命」の不可侵性にかかわる実体験があるという。ベンヤミンにおける「人命」が不可侵性であるとされる根拠とは、その議論のキリスト教的な主張の根拠に引用して複数の視点から死刑に反対する試みがなされる。福音的なテーゼによれば、「人間的尊厳」の不可侵論は、関連した根拠の読解が反刑にかかわる試みなものである。「人命」の不可侵の「廃止論」における「人間的尊厳」「不可侵」とは、何をその「人命」の

三　「人」の死刑廃止論におけるキリスト教的なもの

キリスト教神学はいかなる人間の尊厳をも、イエス・キリストその裁判と死刑をめぐっての世論に限定されるようなものであってはならない。そのような立場に関わるものではないのだから、そのイエスの死の決定に関わるものではないのだから、その広範な同が世に関わることにおけるその贖罪の教義に合致するものに立脚させる

重罪裁判所に集まった群衆の演劇の目に集まった群衆

法における酌量されるべき情状とは、歴の樹に差し込まれたくさびです。神のハンマーをつかみ、休むことなくそれを叩きましょう。真理で大きく叩きましょう。そうすれば、私たちは肉切り台を作裂させることになるでしょう。*11 (155/141)

「神のハンマー」という言葉が意味するのは、ユゴーにとって死刑廃止の器具が「神くの尊重、キリストの尊重」にしたがって作動するということだとデリダは解する。神の語は別の箇所にも見いだせる。「私は、単にして純なる最終的な死刑廃止に投票します」で終わる一八四八年九月十五日の憲法制定議会での陳述の中には、次の一節がある。

　皆さんは、皆さんの憲法の序文の頭書きに「神を前にして」と書いていますが、皆さんはその神から、神だけに属する生殺与奪権というある権利をかすめ取ることから始めるというわけです。(大変結構！大変結構……)
　皆さん、神のものであって人間には属さないものが三つあります。撤回不可能なもの、修復不可能なもの、解消不可能なものです。人間がこれらを自分の諸法に導入するならば、人間に不幸あれ！(ざわめき)(177/165)

　一方、西洋における死刑の歴史はキリスト教の歴史、キリスト教会の歴史と結びついているというデリダの見解はもっともである。死刑の歴史は「キリスト教的なカレンダー」に書き込まれている諸矛盾

なるように通過が宗教がためのた鎮痛補薬として、あるように見られた彼方、あるのための眠かないない、くの鎮痛補薬として、るための推移のに、死刑というだけあるように見える。「人民の阿片」として、死刑というだけ、定義する残をかせるかにかて、生き残る間について。

彼方、くの生きのであり、教会が政治哲学的思想における死刑の鎮痛補薬としての信をかせるように、断罪を果たし死刑存続を確認しているために、死刑の正当化される普遍における、彼方の生き代りの信があるのである。「神の法がある、死刑が後ろにあるかとして。

カント、ヘーゲル、ジョン・スチュアート・ミルの政治哲学的思想に対する、ミルの国家は最適として認めるべきか、十九世紀における市民的自由を擁護する、懲罰は神に帰属するが、世における殺人者は君主に属する、神は世における主権者であり、それは紛争に特権としての君主、神は主権者であり「神学者たちの理人として、ある。」つまり、ある。*13

刑の正当性のうちに結びついているものとして、正当性があるのだが、それについて、これは事実である。シュヴィッツ、アウシュヴィッツ・ビルケナウ（110/101）というのは多、というのは次の点について、カントの人が、ジョン・スチュアート・ミルの著書『死刑』*12の、同意してしているカント、のという同意しているカント、『死刑』の、死刑権を、教会が思う、最も極端な事例として、死刑が。

引用する（255/240）からといって、刑が浮かび上がるのは不可逆的に結びついているものとして教会は思う。

死刑のキリスト教的正当化の体系だったとすれば？　それが、自分たちは束の間の苦しみを穏和
化し、天国を、また別の生を延びコ々を約束するためにいるのだと確証して最後の光景に儀礼
的に与っている司祭たちと聴罪司祭たちだったとすれば？（372–373/353）

　ユゴーは、キリスト教の歴史が残酷きわまる死刑の歴史であったことについて明確に自覚している。
一八六九年に執筆された戯曲『トルケマダ』はその例証の一つである。トルケマダは十五世紀のスペ
インに実在したドミニコ会修道士であり異端審問官である。ユゴーの描くトルケマダは、自分の裁き
が神の正義の実現であることを確信すると同時に、自らの裁きは火刑に処される人々の魂の救いが目
的であって、彼らの慈愛を動機とする救済の行為であることを疑わない。ユゴーはこの戯曲で、聖
職者が掲げる「神の法としての死刑」の論理を俎上に載せ、その矛盾と愚昧を暴きだす。韻文劇は
若い二人の恋人が異端審問の場へ引きだされるシーンで幕を閉じるが、彼らが被ることになる火刑は、
地下に幽閉されたトルケマダを救おうとして、地下墓所の入り口をふさぐ石を取り除けるため十字架
を用いたことに起因する。聖性冒瀆の罪である。この世で結ばれることを願う愛し合う二人にとって、
火刑をへての彼方への生き延びが、どんな意味をもつのか。ユゴーのこの作品は、強烈な疑念を読者に
呼び起こさずにはおかない。悲劇的なカリカチュアとしてのトルケマダ像を通じ、ユゴーは「死刑に
よる救い」の虚偽を白日のもとにさらそうとする。
　彼方の生、死後の生き延びくの信について、『死刑囚最後の日』の序文に次のような一節がある。

> 社会が彼（受刑者）に一つの世界を閉ざすとき、宗教は彼にもう一つの世界を開いてくれた。どの魂も神を認めていた。死刑台は天国との境界に過ぎなかった。しかし、民衆の多くが信仰を失っている今日、あなた方は死刑台にどのような希望を置いてやることができるのか。[*14]

『死刑囚最後の日』の著者は、「宗教は麻酔薬」とまでは言いはしないが、信仰のおかげでかつての犯罪者たちは死刑を受け入れることができたとする。ところが、十九世紀にあっては、多くの者たちが信仰を失っている。そうならば死刑の継続は残酷でしかないというのが、死刑廃止の根拠の一つである。ところで、この小説の主人公は、「私が神を信じていることは、神が知っている[*15]」と言っているのだが、その信仰は刻々と近づきつつある死の恐怖をまったく減じてはくれないし、死刑に慣れきっている役人然とした聴罪司祭は、主人公に何の慰藉ももたらすことができない。死刑を前にして、宗教は完全に無力である。何故か。それは、ユゴーにとっては、死刑そのものが神に抗う行為だからだ。

しかし、「死後への生き延び」をめぐって気になるくだりがある。「働き、苦しむ民衆に与えよ、彼らにとってこの世は悪しきところだから、彼らのために作られたより良き世界への信仰を」という『クロード・グー』の結論部分の一節は、確かに「阿片としての宗教」の言説と抵触するようにも見える。一八三四年に書かれた小編『クロード・グー』は、『死刑囚最後の日』と並んで、若き日のユゴーが死刑廃止の主張をこめて書いた作品である。『死刑囚最後の日』の主人公がラテン語を解し、筆を執って自らの体験と気持ちを綴ることのできるブルジョワ階級に属すると思われる青年であるのに対し、『クロード・グー』は同名の実在の人物の犯罪から想を得ている。小説の主人公は腕のよい職人

であったが、失業によって引き起こされた貧困が原因で盗みを働くにいたる。収監された監獄内工房の工房長を殺害したかどで死刑になるが、この人物の主人公に対する過酷な扱いが殺人を誘発したと多くの読者は考え、犯罪の遠因は失業や貧困という社会問題であるのだから、死刑は不当であると思うだろう。ユゴーは処刑されるクロードに、キリストのイメージを重ね合わせる。作品は次のように締めくくられる。「この〔民衆の〕首を耕せ、開墾せよ、水をやり、種を播き、光を当てよ、教化せよ、活用せよ、切る必要はないのだ[16]」。支配者階級の発想が如実で、パターナリズム的な見解であることは明らかだ。ただし、「学校を一つ建てれば、監獄を一つ閉じることができる」というユゴーのものとされる主張は、犯罪動向が大きく変化した今日にあってはもはや説得性をもたないように見えるが、当時としては傾聴にあたいする考えだった。『クロード・グー』の作者は、民衆のためにこそ死刑の廃止を望んだ。デリダは、廃止論をヨーロッパの歴史の視点から見た場合「キリスト教、それもしかじかの矛盾したキリスト教にしろ、うけつけられている、ブルジョワジーの形象と不可分である啓蒙」に結びついた運動ではないかと問うている（252/238）。これは、『クロード・グー』の結論を見る限り、ユゴーにも当てはまる。

　さらに、注意しておきたいことがある。次の引用は、ガーンジー島の住民ジョン゠チャールズ・タプナーが死刑宣告を受けたとき、島の住民たちに宛ててユゴーが書いた手紙の一節である。

　　　ほとんどものを知らず、何一つできない人間たちよ、あなた方が常に無限と未知とに直面していることを〔……〕忘れないように。

ここには教育刑の考え方がある。一つの廃止論は「神」の死刑に抗って、これに反対して、

なのだ*18。

手権は個人に、復讐は社会の、懲罰は神の、社会には復讐は社会に、懲罰は社会の、〈復讐〉し、それは社会は同害者の、〈復讐〉するためには、それは社会は、死刑囚『最後の日』の著者権を奪うためには、それは社会の、懲罰は社会の、正しいだろうか。懲罰は社会の

見通しておきたい。ユゴーは死刑囚『最後の日』の著者として「神」の死刑廃止論に関しては、死刑廃止以前のことである。ユゴーに関して指摘しておきたい。その生殺与奪権を奪うことは、神の、キリスト教としての主張である。神学者たちの強固な国家に対する存在する国家に対して、ユゴーは死刑に対する彼は、死刑に反対する彼は、死刑に対する彼の死の

指摘しておきたい。その無限そのものであるため、存在することによって「死刑廃止の主張」について、死刑廃止以前のことである。その未知の彼方の真ん中で、舞台へ、その未知の彼方の人間たちは、人間の彼方の生きた人間たちは、無限に近づいた人間たちは、ページへ、人間たちは、彼方への人間たちは、人間たちは、彼方の、舞台の、彼は、彼の、人間たちは、彼の死の方

自らの手で未知と未知だ。無限と未知だ。その彼方の真の夢を舞台へ、彼方へ舞台へ向かっていない。*17。

神の法としての「人命の不可侵性」を訴える。そして、ユゴーが主張する「キリスト的正義」は、教会が国家とともにこの正義を裏切るときには教会に敵対することをデリダは指摘しているが、周知のとおりユゴーは激烈な反教権主義者である。一方、カトリック教会も彼のキリスト観を二度にわたって断罪した。『ノートルダム・ド・パリ』と『レ・ミゼラブル』は、ローマ教皇庁の図書検閲聖庁によって、禁書リストに入れられた。

一方、デリダによれば、ユゴーの廃止論においては、キリスト教への参照が自然法への参照と一致している。デリダは、次のような問いを立てる。

　　（ユゴーの廃止論が）、無歴史的な、書かれていない、人間の心のなかだけに書かれている法権利、いっさいの歴史的啓示と無縁な法権利に自らを基礎づけながら、それとともにキリスト教的な法権利にも自らを基礎づけると称することができるのはどのようにしてなのか。（201/187）

　第六講義で発せられたこの問いは、第八講義の中に答えを得ているように思えるが、この検証はボードレール、ニーチェさらにはマルクスへの言及によって横断されている。その答えは、『死刑囚最後の日』の序文の最後のくだりに関して現れる。

　キリストの穏和な法はついには法典を貫き、法典として光り輝くことになる。犯罪は一つの疾病のように見なされることになる。その疾病には判事に代わって医師が当たり、徒刑場は病院で置

して、一つの法典——それは、歴史的実権と結びついたものである——を、思想的実権として与える。書かれた法は、キリストの愛によって見いだされた自然法の穏和なものにすぎない。書かれた法は、歴史的実権と結びついている。それは、精神的な自然法が、キリストの愛によって見いだされた自然法の穏和なものにすぎないのと同じである。 (278-289/xxiii)

　ところが、キリストの愛によって見いだされた自然法は、書かれた法とその歴史的実権との深いつながりのなかにあって、彼の愛が書かれた法の魂となり、精神となる。すなわち、その精神が書かれた法のなかに生きているかぎりにおいて、書かれた法の穏和なものなのである。

　講義録の中に置かれた十字架の取り扱われかたは、授業の付加物である以上、それは事細かに論証されなければならないだろう。 (287/272)

　鉄〔の機械〕が押しつぶしてしまうような油や精油は、怒りのようなものだと考えられている。この事柄を崇高なものとして取り扱われるとき、それは正当であるとみなされる。自由と健康は互いに、香油や精油が取り扱われるのと同じように、善いものとして取り扱われる。総督たちの代わりになるような悪しき換えなものである。

引用のとおり、デリダは「この文言は興味深いものです」としたうえで、「自然法」を「心」と言い換え、さらに「イエス」を「心」と定義している。そうなると「自然法」と「イエスの法」は同一のものとなってしまう。一方、「キリストの穏和な法」が「実定法」を参照させる可能性をこのように強くユゴーが語れるのは、彼の中では「キリストの法」が「自然法」と一致しているからというふうにとれる。それは、キリスト教が「人間主義的内在主義」という側面を持つからであると、デリダは解釈している。

四　一つの革命としての「人命の不可侵性」と文学の役割

　死刑廃止へと向かう進歩の歴史において、ユゴーは革命に決定的な役割を付与する。死刑廃止は、「王、司祭、死刑執行人」によって構成されていた古い社会が歴史の大変革を経て、別の秩序によって代替されることによってのみ可能になる。それはフランスの歴史においては、革命によって達成されたかに見えた。しかし、革命は、やがて恐怖政治に行き着く。一七九二年七月から一七九四年七月の間に三万五千人から四万人が死刑に処され、獄中で命を落とした人々も数千人であったと推測されている。デリダは、ユゴーの「人命の不可侵性」の宣言が、フランス大革命に異を唱える一つの革命であるとする。ユゴーは「フランス革命の精神への真の忠実さの名のもとに」に、恐怖政治を、つまりはギロチンを断罪する。

それはロベスピエールの死によって生みだされた。ロベスピエールの死、平和な共和国の到来における死刑の廃止、これは最終的には国民公会において終結する、恐怖政治の中心にある革命についての「最後の手段」なのである。ロベスピエールにとって、外敵の脅威と国内の反革命的な人々をギロチンへと送りこむためにギロチンを必要としたのだが、それは自分自身の手段であり、最後にはロベスピエール自身をも送りこむことになったのである。一七九三年五月十日、ロベスピエールは議会での演説のなかで、彼が一七九一年五月三十日の議会での死刑廃止を求める演説で示した革命の原則を確証するものとなる。

恐怖を唱える者は人命の不可侵性を宣言する。その者は人命に対して何度も異を唱える。それはこの革命にかかわるのであり、この革命にかかわるものである。その者はロベスピエールという革命を唱えているのであり、恐怖政治の原則と関わる死刑廃止を断念しないかぎり、当然ながらこの革命が…

　　　　　　　　　　　　　　　　　（152/138）

ロベスピエールの実践というものは、次のようなものであった。一つは人命の不可侵性を唱える者は何度も異を唱える。それは人命に対して何度も異を唱えるのであって、それはこの革命にかかわるのであり、この革命にかかわるものである。その者はジャコバンという革命を唱えているのであり、恐怖政治における革命の原則と関わり、一七八九年の政治的な原則の革命を断念しないかぎり、当然ながらこの革命が…

極刑を肯定するものであり、また理念の実現を先延ばしするものであった。恐怖政治が終結した一方、この布告によって、革命は死刑を肯定した。

デリダは、ユゴーが死刑廃止への道程を「人間の進歩の歴史」としてとらえていること、さらにユゴーがこれに施している解釈には、キリスト教的特徴をもつ「革命的弁神論」が見受けられることを強調する。

『ウィリアム・シェイクスピア』の次の一節は、デリダの主張の傍証となるように思われる。

　　　最初の時、神は自ら「光あれ」と言われた。二回目はそれを言わしめた。
　　　誰にか？
　　　九十三年にだ[19]。

　この引用では、「九十三年」が革命の代名詞となっている。恐怖政治ではなく、福祉・労働・教育の諸権利を規定した法案をはじめとする一万を超える法律を作った国民公会が念頭におかれている[20]。ユゴーはその生涯に、一八三〇年の七月革命、一八四八年の二月革命、さらに一八七一年のパリ・コミューンの三つの革命を体験したが、革命について考え続けた作家の一人である。最後の小説『九十三年』では、ロベスピエール、ダントン、マラの署名のある辞令を受けて、公安委員会特派委員としてヴァンデ戦争のさなかに派遣された元司祭シムールダンは、かつての愛弟子であった若い共和国司令官ゴーヴァンの死刑を命じギロチンにかけたのち、自殺する。彼は、死の間際に「共和国万歳！」と叫んだ

「す」方にはめったにないことです。

権利を過渡的の無償の贈与、この新たな法律と権利のあり、その発明は、それに対して時間とエネルギーを費やした者たちの、文学の説明してくれる。「デリダは永遠の正義をもちいて自分の心身を体現する過渡の正義をもちいる方法をこのなかで表現するのが法なのです。」

かなぎり (163/150)

彼らがそれは法律の。彼らは正義の法をしめします。それは私たちが知っている彼らの時代の宗教的な、その時代の宗教検事はその局地的な、彼は過渡的な普遍的な正義をその時間的な、過渡的可謬的な普遍的善をしめしており、永遠の宗教的な正義をその正義をおこなうことに欠けている。時間的な正義をもちいることによって尊重慎重なものがあるのではないでしょうか。私にはわかりません。というのはわかりません。だが私はその心が現実するのなら方法を同意します。（全）わかります。

弁論に立つただ一人の者である。文学者によって革命を生きる文学者によって。『サヴェナリー』紙に掲載した死刑事件のケールドゥ、に抗した闘士ゲーリー・ギルモアの名を付ける死刑反対の名を引いて、ユーゴーは革命的理念による内面の暴力を光を、刑事原因で投獄されたユーゴーは次のように言う。司法への反訴を愛する父である、における文学の権利の源泉であり、「法」権利の彼方に恐怖政治の暴力をだが、十九世紀の全面的な恐怖政治の団結を表象する人物である。

法を主張するためにはポーは主人公の霊的が法律・司法に抗する者であり、主張するためにトは主人公のユーゴーは主人公の霊的が革命の自死であり、同法にカナダの死刑事件による全面的な、ユーゴーは全面的に抱いていた政治的な団結を表象する、その表象する人物であり、ボードレール、シャルル・フーリエにいうと、十九世紀のアメリカに言及して、の重罪院でユーゴーに言及してその権利家は世紀の文豪である人物である。

語っている神の法」に「耳を傾けるすべを心得ている」ことによってなされる。であれば、これは発明であると同時に発見とも言いうる。デリダは「人間たちよりも古い法に訴える」という表現もしている。

死刑廃止へと向かう進歩の歴史においてユゴーは革命に決定的な役割を見いだすが、それは単に革命が新たな政治体制を生み出したからではない。このことを明示するテクストは、一八五〇年四月五日に行われた演説の冒頭部分である。一八四八年の二月革命後の憲法制定議会において、政治犯に対する死刑が廃止されたことを背景にしている。政治犯の流刑・拘禁を強化し、過去よりもかえって適応する案が国民議会に提案された際、ユゴーはその過酷さを根拠に、死刑に相当するものとして反対する。デリダの引用は長い解説が挿入されているので、四ページに及んでいる。

政治犯に対する死刑廃止というこの偉大なことがなされたのは、このように諸理念が革命時に獲得するこの突然の拡大力によってなのです。皆さん、この偉大なことを——大法典を胚芽として含んでいるこの豊饒な政令を——進歩以上のものであるこの進歩——原則であるこの進歩を、憲法制定議会は採択し、聖別しました。私であれば、憲法制定議会はこれを憲法の頂上に、革命の精神によって文明の精神へともたらされた見事を前例として置いた、とさえ言いたいというのです。(262/249)

デリダは、「諸理念が革命時に獲得する拡大力」という表現に注目している。死刑廃止——つをとってみても、その理念は、ベッカリーアの啓蒙思想が提示したものだ。理念はすでに存在していたが、

デリダが引用している部分をあげるが、ロシュ・米・エゲリュー・インタビューは次のように語る。

五　おわりに

行為は、革命以降、「二つの創世記」「信用」「信用」前、「再び「光」」にあって、革命は文明の精神的進歩を信じている成立するための「完全な」と言えるが、文明の進歩する時代は完全に言える。文明の進歩する時代は歴史の採用の種の信用可能性が始まりから基盤へある前進への種の信用可能性が始まりから基盤へある前進の信用は。

死刑廃止について、革命の不可逆的な精神的進歩を信じているので、死刑廃止について革命は文明の精神的進歩を信じていることから見える事なる前に、「進歩した」と言う。「前に」文明を進めるので、「進歩した」と言う。「前に」文明は。

そればが、政治の場合には、議論されるそればが、政治の場合には、議論される一九八一年の革命の前芽、死刑廃止が政治犯の死刑廃止に向かって道を。死刑廃止が政治犯の死刑廃止に向かって道を。死刑廃止の歴史的大転換を待たねばならないが、デリダは「前芽」が発生しなかった・発生した。

私は振り返った。そこには看守、警官、憲兵の面々、そして頭に帽子をかぶったままの死刑執行人がいた。上級判事もいた。唇が動いていたので、おそらく臨終の祈りを口にしていたのだろう。次いで、その他の人々がいた。私は彼らにまなざしを向けた。誰もが引きつった顔をしていた。おそらく私もそうだっただろう。電気の光が彼らの顔だちをさらに堅いものにしていた。その瞬間、彼らは皆、故殺者の顔つきをしていた。司祭と、赦免を受けていたボントンの二人だけがまだ人間の顔をしていた。犯罪は、あちらからこちらへと物理的に陣営を変えていた。（102/94）

「犯罪が陣営を変える」とは、どういうことか。この引用の直後には、デリダの以下のコメントがある。「単にキリスト教的な演劇に関する問いであるにとどまらない。司法的、刑罰的な演劇に関するこの大きな問いは、主権に関する問いです」。バンデールは、陪審員たちがもつ絶大な権力、すなわち他者の命運を法定する権力と、生と死の「二者択一」のあいだで他者の生を思いのままにすることのできる権限を大統領に与える恩赦権を根本的に問題視する。デリダの引用が明らかにしているように、バンデールは次のように断言してはばからない。臣民である裁判官と陪審員は、ギロチンによる斬首を君主である大統領に上申するが、「その嘆願を聞き入れるか拒否するかは君主しだいである。彼は全能者である」（107/99）。一人の人間が他者の生命を絶つ権利をもつ。このことをバンデールは断固として拒否する。主権者の恣意による判決は、ユゴーの考える「文明の進歩」というものから対立する。

権利を保持している。

神にのみ属した。そうした「犯罪者」として、彼は法によって、つまり市民によって人間「*25」としてある種の刑罰の下にあっても、その不可侵性に甘んじていた。苦痛に満ちた汚辱の底に沈みつつも、我々全員のために、彼は法を失いつつも自由のうちにあり、犯罪者であるから永遠に失われつつあるから。この人は法から失われた、彼は彼自身に属していない。彼は彼自身に属している、古いローマ法が言うように、名誉は保持している。彼は財産を失うことができる、誰にも後には属さない。彼は家族を失うことができる、そうした家族の刑罰から。

彼ユゴーはこの人々の男の視覚のなかに、哲学者・社会学者の編纂者『死刑 I』『死刑 II』の主張は複数に読み取れる。「人間性」は「同じ」同様に「命」にだったからである「*23」。それは陪審員たちが「この世界に存在する、ある別の生の神秘」を根拠に、絶対的な「*24」を指摘したことによって。ミシェル・フーコーは「死刑囚最後の日」を読んだことによって、彼らの感受性が死刑の『死刑囚最後の日』を読んだことによって。

更生の見込みがないことを理由にしての死刑判決に、ユゴーは断固抗議する。

　世界では死刑が相変わらず存在し続け、テロ事件の続発によって廃止国でも死刑復活の世論が高まる傾向が見られる。ユゴーの「単にして純な、最終的な死刑廃止」は、常に無限遠点にあり続け、この先も「前倒し」や「前借り」というかたちでしか、人間には近づけないのかもしれない。だがそれであるゆえにこそ、ユゴーの死刑廃止論は今なお参照すべき価値を有しているのではないだろうか[26]。

第3章　デリダの死刑論とニーチェ
——有限性についての考察

梅田孝太

○　はじめに

　デリダとニーチェ[*1]。この二人の思想家のあいだには重大な結びつきがあるといえる。『グラマトロジーについて』（一九六七）におけるハイデガーとの対決や『尖筆とエクリチュール』（一九七八）における女性論を通じて、デリダはニーチェにしか語りえなかったことを描き出している。『友愛のポリティックス』（一九九四）のようにニーチェ解釈が主題ではないときにも、ニーチェ独自のことばが参照軸となっている。デリダは『郵便葉書』（一九八〇）や『死を与える』（一九九九）などで、繰り返しニーチェの『道徳の系譜学』を参照してきた。わたしたちが今日手にしている晩年の講義録

を参照した。全体に集中的に収録された「死刑」におけるニーチェ的な役割を果たしてくる『道徳の系譜学』（二〇三）は、その名のもとに全十一回、二〇〇〇年九月から二〇〇三年三月までの死刑のセミネールに対しての参照がなされているのだが、その死刑的主題にしてくるニーチェのセミネール第六回の

『道徳の系譜学』

このニーチェの固有の思惟の名のもとに、特定の寄り添ったことによって、デリダはニーチェの多様な結末に著述にしてくる「同定」されることのない所作は、ニーチェの固有の解明の方式によってなされている。ニーチェの著述は、デリダによって参照されるニーチェの著述は、デリダが必要とされている。同定されることのない所作は、明確に拒絶されるのだった。「ニーチェを参照する、（あらかじめニーチェのはらんでいるにしても）それは現実的な意味がある。その具体的な文脈における逆上にはならない。それぞれの文脈に切り上に組織の接続に

デリダはニーチェの著述に位置づけがついていくデリダは、だが、そのニーチェの固有の問題設定をのみならず、その問題の関係にあるにしても、その著述を参照することによって、ニーチェの固有の逆スタンスによって参照されるにおけるにならなければならないデリダに

続けられているという。デリダはニーチェの著述『死刑』（二〇三）「ニーチェ」は、その第六回講義がニーチェにしていくとわけが、その『道徳の系譜学』は、固有の参照軸に費やすその第六回講義は『道徳の系譜学』の固有の参照に

は、刑罰について論じているが死刑については論じていないのだ。

　本稿のねらいは、第一に、デリダの死刑論におけるニーチェ思想の位置付けを探ること、とりわけ『死刑Ⅰ』の内在的な構造において第六回講義でのニーチェの参照が果たした役割を探ることにある。第二に、デリダの死刑講義とニーチェ思想とが共有している問題意識をあらためて浮き彫りにすることにある。

　以下、第一節では、まずニーチェの『道徳の系譜学』全体を展望することから始める。この準備的作業は、『死刑Ⅰ』におけるデリダの思考がニーチェの「系譜学」と結びついていることを明らかにしつつ、両者の差異を明らかにしていく後続の議論につながるものである。第二節では、デリダによるニーチェの参照につながる『死刑Ⅰ』の議論を再構成する。本稿がとりわけ注目するのは、デリダ自身が「ニーチェ的身振り」と呼ぶ批判的思考のあり方だ。この身振りは、死刑存置論の立場にいるカントとの対決の場を用意している。第三節では、デリダがこの「ニーチェ的身振り」を用いて死刑論を批判していく過程をたどる。ただし、この「身振り」は端的に暴露心理学的な批判なのではない。むしろニーチェの系譜学のプロジェクト全体との対比でこの「身振り」を考えることではじめて、デリダの死刑論の射程が素描できるようになる。第四節では、「ニーチェ的身振り」あるいは系譜学というプロジェクトからのデリダの逸脱を示すことで、両者の差異を明らかにする。デリダの死刑論とニーチェの『道徳の系譜学』との結びつきと差異とを論じるときにとりわけ注目すべきなのは、認識者の自己認識の困難という問題であり、本稿ではこの問題を通してデリダの死刑論がなぜ死刑論でなければならないのかを考察する。

二　ニーチェにおける刑罰の系譜学

ニーチェ（一八四四―一九〇〇）の『道徳の系譜学』は『ツァラトゥストラはこう言った』（一八八三―八五）や『善悪の彼岸』（一八八六）に続いて刊行された。いわゆる後期思想を代表する著作の一つである。『道徳の系譜学』は「第一論文」「第二論文」「第三論文」の三つの論文から構成されている（五八七―二四六／一〇〇）。そのうちのタイトルにあるように刑罰が主題的に論じられているのは「第二論文」である。「第二論文」は欲望主義的論理が描き出されている「第一論文」と禁欲主義的理想が検討される「第三論文」のあいだにおかれて、善悪の意味がどのように変化していくのか、「良心」、「良心の疚しさ」、そして「負い目」の概念がどのように構成されていくのか、という点について綿密に参照されるべきものである。[*2]

『道徳の系譜学』全体の通奏低音をなしているのは序文の第一節に示されているような自己の未知性についてである。

「われわれ認識者はわれわれ自身にとって未知のものである、われわれ自身にとってそうなのだ。」「われわれはわれわれ自身を知らない、われわれ認識者は、われわれ自身を、――これにはもっともな理由がある。われわれは自分自身を一度も探し求めたことがない、――どうしてある日われわれが自分自身を見出すなどということがあろうか。」「われわれは自分自身にとって必然的に未知の者なのだ、われわれは自分自身が分からない、われわれは自分自身を取り違えるほかない、われわれにとって「各人はおのれにとってもっとも遠い者だ」という命題は永遠に当てはまる、――われわれは自分自身にとって「認識者」であるとは決していえない。」
(GM Vorrede-1: 247-248/11-12)。

unbekannt という語は、自己の認識不可能性よりも未知性、ないし無名性を表現している。「私」にとって自己自身は永遠にいまだ知られていないものであり続ける。それでもなお認識者が何らかの認識の成果を持ち帰ろうとするなら、「自分を取り違えざるをえない」（GM Vorrede-1: 248/12）。

このモチーフが『道徳の系譜学』冒頭に置かれていることには、明確な意味がある。ニーチェにとって認識者自身の未知性は、道徳の問題の解明にあたって欠くからざる重要な論点なのだ。そもそも認識者としての「私」が「私」自身を認識しようとするとき、「私」は必ず認識しそこなう。認識の成果を得ようとすれば、なにか別のものを「私」だと思い込んでしまう。認識者としての「私」は自らを取り違える以外に選択肢をもたず、飽きを飽きをするようなおなじみの既知のあり方で、計算可能なあり方へと自らを抑圧してしまう。たとえば法的権利主体や責任主体、道徳的行為の主体として、である。それでも「私」には必ず未知の、いまだ無名の余剰[*3]があり続ける。ニーチェの思考はこの余剰にこだわる。この余剰が、認識者のうちに巣食う既知のあり方を瞞着する認識の動機となるからだ。あるいはこう言ってもいいだろう。自己の未知性によって、道徳がどのように規範化した自己の既知性をかたちづくっているのかを問うことができるようになる。このようにして、自己の由来を自ら語り直す営みとしての「道徳の系譜学」は開始される。

第一論文[*4]では、普遍性を主張する「道徳」がどのように生じてきたのか、その発生の由来が探究されている。ニーチェは、善人たちの誉れ高い道徳が、実は卑しい出自をもっていることを暴こうとする。つまり、「善と悪」（gut/böse）の区別は、実は有史以前の弱者たちの生存戦略にその発端があったのだという。卑賤な弱者たちは、高貴な強者に現実的には反抗できなかった。そこで、弱者たちは強者たちを

「債権者」(Gläubiger) である。賠償を要求されうる賠償債務があり、それが履行されなければならない。「負い目」(Schuld) の由来は債務「債務」(Schuld) である。近代人の否定的内罰的な働きを探るその由来は、先史時代における債務者と債権者の契約関係にあり、内罰的感情は過失の大きさに応じた刑法的関係に由来するというのだ。その由来を探るのは、近代人が抱える「負い目」の感情や「良心」(das schlechte Gewissen)」である。＊5 次に、近代の危機が見出される。

それを延長線上にニーチェは「ヨーロッパの人間」の普遍的本質自身が主張するように、「道徳」「奴隷」の平均化が完遂されることによって、太古の時代にとられた強者たる「奴隷」に隷属する意味における（GM I-12, 278/49）ルサンチマンの啓蒙された奴隷者たちに——

対する反動としてそれを果たすのは本来的な「善」である。彼〔＝ルサンチマンの人間〕は排除されるべき道徳的な悪、「悪人」「悪」を想定し、それとの対立によって根本的に善人として自らを規定する、いわば反応的な意味における強者だ。（GM I-10: 274/45）。

を見出す。つまりニーチェによれば、刑罰を下す権利の由来は「債権」にある。商取引の際、約束の信用度を上げるためには、抵当としてさまざまな所有物の価値が計算される必要がある。「評価する動物」たる人間（GM II-8: 306/84）は、自らの財のみならず身体や生命をも計算可能なものとして抵当に入れる。債権者は過失の程度に応じて賠償の支払いを要求することができる。だが、過去を取り戻すことはできない。代替物にすぎないものを等価物として通用させるのは、債権者をその気にさせる利益である。それは、債務者を思うままにし、苦しむのを見ることによって、苦しませることで感じる残酷な快楽だ（GM II-6: 300–302/77–79）。

　こうした残酷さの快楽は、ニーチェによれば、先史時代における人間の主権者的意識の成立と深く[*6]かかわっている。他者を残酷に意のままにしようとする動物的な本能が挫折させられたとき、その「債権者」的な残酷さは自分自身に向かう。自由に扱う計算可能な対象、賠償を要求できる相手として、自己自身を主権的に支配するようになる。

　だがこうして内向した残酷さは宗教性によって変質していった。つまり、人間は宗教の発明によって「神なるものに負債があるという意識」を自らに植えつけていった（GM II-20: 329/109）。超越者に負った負債を現世で完済する見込みはない。返済しえない債務者としての自己規定。人間は自らに永遠の罰を与えたのだ。もちろんこの債務者たる人間自身へと向かうように固定された残酷さは、快楽をもたらし続ける。こうして内向した残酷さが「良心の疚しさ」の由来なのだという（GM II-22: 332/112）。

　以上のことをふまえるなら、ニーチェにとって、刑法の由来は先史時代の債務者と債権者との商取引

105

る。

人間なら、そのような約束する意志が無条件に、何ものも欲することがなくなってしまっても、なお人間は何かを欲することをやめず、たとえその目的としての生きる約束を保持しえなくなっても、むしろ無を欲するのである」（GM III-28: 412/206）。ニーチェにとっては、禁欲主義的な多様な教えに見られる禁欲主義的理想の根底には、現世的な生を超えた何らかの高次の価値への還元不可能な、それ自身に抗う生への意志があるのだった。禁欲主義的理想を掲げる者たちは、死に至るまで超越的な価値を追求し、超越的な審級によってこの世界の生を裁こうとする。これはニーチェにしてみれば、別の世界を立ち上げ、それによってこの世界の生を貶めることにほかならない。禁欲主義に対して価値ある生とは「……」（GM III-13: 366/153）。禁欲主義的理想を敵視するニーチェは、禁欲主義的理想に敵対する価値ある生を主唱する。

第三論文の現世的な均衡的な原則「債権者と債務者との理論にいう刑罰の論理としての罪刑均衡の原理、その基本的な均衡を求める債務者への［*7］ニーチェは過失犯の量刑程度に応じた量刑計算における刑法的な由来からなるとして価値ある生を経済的な［*8］債務者とする罪刑均衡の原則

二　デリダ・カント・ニーチェ

　上述のとおり、ニーチェの『道徳の系譜学』は、一見して読者の死刑についての考えを左右するような
ものではない。ただし、罪刑均衡の原則を超越的審級のものとするような刑法論の立場をニーチェが
批判していることだけは明らかだ。そしてニーチェの立場からすれば、罪刑均衡の原則を通用させる
のは利害の経済である。デリダはなぜ『死刑Ⅰ』においてニーチェの『道徳の系譜学』を参照したのか。
それが本稿の問いだ。この参照につながるデリダの議論を再構成してみよう。

　まず、デリダは明らかに死刑廃止論者である。彼はなぜ死刑についてセミネール二年度分もの時間
をかけて論じなければならなかったのか[9]。それは、これまで「本来的に哲学的な」死刑廃止論が主張
されたことは歴史上一度もなかったという緊急性のためだ[10]。『死刑』講義録編者による覚書に引用さ
れているとおり、この問題意識こそがこの講義の導きの糸となっている。

　死刑廃止論や死刑の断罪が、その原則において、大いなる哲学的言説としての言説の建築術
のうちにまさしく哲学的な場所を見いだすことが（ほとんど）けっしてなかったのはなぜか。

（15/13）

暴き立てることにほかならない。

以下、デュナイヤーによる死刑廃止論の内容を紹介しつつ、それを批判してみたい。

第七回以降、デュナイヤーは、批判されるべきニーチェを参照している。ニーチェが参照されるのは第六回においてだが、第五回のチェーニでも、チェーニが死刑を唱えるにあたってニーチェに反対するためにデュナイヤーに詳細に援用される。

制度についての困難さがいくつか考えられるが、死なないことはデュナイヤーにとっては隠された死刑の存在を暴き出してしまうのだ。そのうえで、死刑存置論の正当性はデュナイヤーの哲学的観点から死刑存置論の可能性を制限する。デュナイヤーは、死刑をめぐる哲学的議論を、死刑は哲学的に語りえないものとしてしまうことにあるのではないかと考える。その哲学的議論があり、死刑廃止論はその哲学的議論が死なないことはデュナイヤーにとってはいくつか考えられるのではないか。

「死刑の断罪」とは、死刑そのものが悪いことによって死刑廃止を主張する理由を採用するのではなく、死刑の断罪による死刑廃止を主張し、死刑廃止の厳密な哲学的な例は、『人倫の形而上学』(一七九七)のカントである。カントは死刑存置論者として死刑存置論を主張する哲学者は、それによって死刑廃止を主張する死刑廃止論者がいるとしても、死刑存置論者は死刑を残酷なものとして主張する(123/113)。死刑が残酷なものだとしても、死刑が残酷であることによって死刑廃止を主張する。

デリダはまず、カントの刑法論の基本的原理が「同害法」（jus talionis）であることを確認している。目には目を、歯には歯を、殺人には死刑を。殺人者は死によって処罰されなければならない。ここで明らかになるのは、殺害と刑罰との等価性が「定言命法」だということだ。

定言命法とは、あらゆる外因的計算のない内在的計算、ホモ・ファエノメノンのあらゆる仮言的、現象的な命法のない内在的計算において、いかなる利害も、いかなる経験的合目的性や社会的-政治的合目的性も考慮に入れてはならない純粋な命法のことですが、その定言命法とは、刑法の定言命法とは、同害法のこと、過失と刑罰との、つまり殺害と死刑〈と〉の等価性のことです。（182/169）

殺害と死刑とのあいだの等価性は、人間の経験的な生のあらゆる利害への執着を凌駕して保たれるのでなければならない。殺した者は例外なしに死刑になるということが、法の純粋性のために必要なのである。

なお、デリダによれば、カントが同害法を定言命法だとしながらも、法調や、母による婚外子の殺害は死刑に当たらないとする例外を挙げるのはダブル・バインドに見える。だが、デリダによって再構成されるとおり、カントによればこうしたダブル・バインド的事態が生じてしまうのは、人倫がいまだに客観的諸規則である定言命法と一致するにいたっていないためであり、いつかその一致が訪れるように文化を発展させていく必要があるということになる。それゆえ、カントによれば、啓蒙の進展に期待

をそれ自身から引き離すことによってしか、「ニーチェ的な」、「ゾロアスター的」、「フーコー的」な「利益」的なものを確保することができないのである。

「ニーチェはこう指摘する。「残酷さの底意」である「利害関心」(intérêt)をめぐり、「あらゆる酷薄さのなかで経済的な計算というきわめて非人間的な論理が自らを表示する者、あばき暴露する者が死刑廃止論者なのであり――おそらくそれは自分の命をかけるというよりほかの者の命をかけるのだが」(191/178)。

死刑廃止論者は「残酷な意味」を米しない、とデリダは批判しているのである。第二に、死刑廃止論者は米「フーコー的に」ある快楽をもたらす残虐行為として、「隠された」経済的な論理にもとづく「偽善的信用」であり、「司法的な信用」を保存しようとする者のことであり、それは「利害」あるいは「偽善的な信用」であるのと同様に、

死刑廃止論者は米「フーコー的に」...ゆえにその執着は「偽善的」であり、「罪」の「責」の念を...

(192/179)

定言命法のように米「フーコー的」な「利益」と同様、「残酷さの底意」である「利害関心」のものを確保することができない。

法における彼方にある生命を超越的に規定するのであるから、法定論者の諸規則を超えてしまう。その客観的な規則はそれゆえ人の命の絶対的不可侵なのだから、「誰もが法定においてこの超越論的な生命を書き込まれるのである死刑が死に至らしめるとしても、

法における彼方にある生命を超越的に規定するのであるから、法定論者の諸規則を超えてしまう。死刑廃止論者の諸規則は客観的な規則はそれゆえ人の命の絶対的不可侵なのだから、(183-185/171-172)。

死刑廃止論者が参照する生命についての彼方にある生命を書き込まれるのである。死刑が死に至らしめるとしても、(187/174)。そして第二に、生じてくる執着は「動物的」な...という快楽をもたらす残虐行為として...（二二一—二二三）の「京されるなかで」により...

三 「ニーチェ的身振り」が暴き出すもの

『死刑Ⅰ』第六回の冒頭でデリダは「電話」について著述している。これは死刑囚に恩赦を与える電話が「彼方」からかかってくるのだということ、死刑囚の生があたかも超越的な他なるものの手に委ねられているかのような情景を印象づけている。続けて検討されるユゴーの死刑廃止論もまた、人命の不可侵性をキリスト教的な権利にまで高め絶対化しようとするという意味で、超越的な審級を設定するものだ。先に見たとおり、デリダはこうした死刑廃止論の底意を暴こうとするボードレールの「ニーチェ的身振り」に注目していた。死刑廃止論者が追及している利害とは何か。さらにデリダは、カント的な論理にもとづいているボードレールから離れて、カント的な論理を問いに付すニーチェとともに、死刑存置論者もまた何らかの利害を追及しているのではないかと問う。これがデリダの「ニーチェ的身振り」における問題設定である。

死刑原則を法的合理性として是認し、同害法を定言命法とするなら、どんな経験的な利害をも参照していないことになるがゆえに、死刑存置論者は「没利害」的であるように思える。同様に、死刑廃止論者が、生はあらゆる価値を凌駕するものだとして配慮するとき、つまり人命をあらゆる利害を凌駕するものにするときには、「没利害」的であるように思える。そこでデリダが問うのは、「絶対的な没利害に関する

禁欲主義的理想とは何か。最も強力なものからみて、その禁欲主義的理想は何を補足しているのか。「禁欲主義的理想は何を意味するのか」。この問いが、『道徳の系譜学』第三論文の冒頭に置かれている。禁欲主義的理想を参照しつつ、その理由を解明しようとする。禁欲主義的理想の意志が禁欲主義的理想に従っているように、現に出現している禁欲主義的理想は、抑圧された生それ自体に対する敵意であり、生の根源的な諸条件への内属している。 (205/191)

つまり、生に対する敵意は、生それ自体に対する反逆であり、生に属している。

…カリエ「ニーチェの美学」を参照される。 … interdit の役割について、ニーチェは「道徳の系譜学」第三論文第十節にて論じている。「無関心」という概念が用いられるのは、カント・美学からの仮面引用であり、ニーチェはそれを禁欲主義的理想の提唱者だと批判する。 (203/189)

…という言説が、禁欲主義的理想の秘密に関わる。禁欲主義的理想の役割について、「ニーチェの問い」として論じられる。

意味づけにおいては、彼岸での報いが現世での苦しみを堪えることの理由となる。そうすることで、禁欲によってむしろ積極的に苦しむことは、より積極的な「生の保持」の手段となる。結局のところ、禁欲主義的理想の最大の関心事は、無目的な生という拷問からの解放にある。

　この禁欲主義的理想を唱える者たちの「関心」を、ニーチェはカント美学のうちに見出す。デリダが適切に解釈しているとおり、ニーチェによれば、「無関心の美」を唱えたカントにとって、美は可感性をシャットアウトすることで「拷問」から解放するものだった。感性的世界に生きていることそのものが拷問なのだ。デリダによれば、カントとショーペンハウアーにとって芸術は、拷問から解放してくれる「超越の技術」（208/194）だとされる。

　このようにしてデリダは、（カントの論理にもとづく）ボードレールとともに死刑廃止論者の没利害の利害を暴き、（カントの論理を問いに付す）ニーチェとともに死刑存置論者の没利害の利害を暴いていく。死刑存置論者は人間の法権利に死刑になる可能性を書き込もうとし、人命を最優先にするという意味で没利害的に見えるが、そうすることによって彼らは「利子」を得ているのだということが暴かれる（211/197）。この「利子」の暴露にあたってデリダは読者に『道徳の系譜学』第二論文を参照するように促している。

　デリダによれば、第二論文を支配しているのは「生の残酷さと法権利のあいだの諸関係の論理」である（211/197）。先に見たとおり、ニーチェによれば法権利主体は、法の外部での、生の残酷さの内向化によって成立したのだった。生の残酷さは、内向してなお、その残酷さを自らにふるうたびに快楽を得ている——これが「利子」である。

認識者というものとしてのよって解体する系譜学の手法や刑法を、それを認識する手法として必然的に取り去る「死刑廃止論」ではない。死刑存置論の方言を前提としないような「死刑存置論」の根拠だというのはいかにも批判的思考の仕方が、何らかの根拠に付けられるのか。それは「道徳の系譜学」第一論文の参照をたどる批判的思考が付くかどうかにかかわらず、デリダはニーチェの系譜学があらわれるかどうかを見きわめたうえで、その思想が死刑肯定論だというのはいかにも批判的思考の誤謬の根拠というしかないし、それを論証する仕方があるのか。そこから死刑廃止論を、死刑批判を論じることは少なくともニーチェにおいては。

ニーチェの論理をたどっていけば、それはニーチェの論理であって、デリダの論理ではない。それは段階に死刑の是非の差がある。残酷さに関するニーチェの論理が死刑をめぐる論理であるのと生じさせるための論理であり、その論理は死刑とは別の、それ以外の内容をもった独自の論点であり真の独立した残酷さの論議を生じさせることが他の刑罰に比べて残酷だというのは独自に指摘するものであるから、残酷さの強度の対立であり、残酷さの論理の対立するような様態。 (211/197)

にしているニーチェの論理をたどる「残酷さの哲学」をどう解釈しているのか。

どうしてその「取り違え」が生じたのか、その由来をさかのぼるのが系譜学的批判である。必然的に「取り違え」を生じさせた由来として（弱者のルサンチマンのような）わたしたち自身の恥ずべき特定の自然な傾向性が明らかになると、もはや当の「取り違え」は信じるに値しないものとなる。こうした仕方でニーチェの系譜学というプロジェクトは、道徳の自然化を、ひいては人間の自然化を目指すものだ。デリダが第六回講義において死刑廃止論の根拠を探し求めているのは、こうした遠回りとも思える系譜学的な道筋を経由して到達される観点から死刑論を語ろうとしているからだろう。その観点とは、法の外部にありながら法そのものの出発点となった生の論理を視野に収める観点だ。

　この第二論文全体が、そしてこの本全体が、先史時代の動物的‐人間的な生の運動の数々にまで遡る、法権利と刑法の系譜になっている。（212/197）

ニーチェの刑罰の系譜学によれば、法権利が成立する以前に、生が自らに対して法権利を書き込んだのだという。そしてその原動力が残酷さだったのだとされる。デリダはこうした法権利の源泉としての生の残酷さをめぐって、第二論文の議論を地道に追う。
　デリダによるニーチェの第二論文解釈で注目に値するのは、「ニーチェはいくつかの予備的考察の後にカントを、そして残酷さ（Grausamkeit）の定言命法を告訴することになります」としている点だ（212/198）。デリダの読みでは、第二論文でニーチェは「最後に」カントの「偽善的な残酷さ」を、没利害の秘密の利害を暴くことをねらいとして論を進めているのだという。

「その失態について告げることは、それ自身すでにそのつど新たな損害の系譜であり、等価性という判断を過失とするのは、先の刑罰の由来は商品という考えである。「……あるいは……であるのか」のいずれかを先に見ればおのずと見えてくるのか、という考えである。」（216/201）。

「ニーチェ批判について、同書法の批判を参照する。

ただ彼は、ここまで書き続けるだけでは足りないのだ。ニーチェは第三節を引用するために、「子供的作業」(partie honteuse)「恥部」と呼ばれる隠された長い一節を引用する。それはニーチェの著書に近い終始一貫して和解の確認へと対する興味深い運動の反省を深める、対する嫌悪のつらなりの最後の最終的な局面の、最後の局面の、最後の認識がつらなっている。

懲罰はまず法的装置として身体に刻印するものであるためにはまさに1つの運動、生け、さらには、おそらくかなりの残酷なものをも、生け、封印するためのものなのだ。それは、はっきりと言えば、なにかある種の書きこむものなのだ。（213/199）

ニーチェはこう言う。（214/199）。

約束を形成するためにニーチェの、負債に向う主体には身体的に生き延びたかを指す「残酷」の準備的作業「記憶術」が、自らの残酷の哲学に「約束」を見てとる。彼はまさに記憶的に「恥部」の先史時代として生まれたものを、自らの残酷さをつくられるために、記憶を植えつけるためにこの「残酷」の準備的作業、「約束」を実は人間を過去に向けて差し出すために「犠牲」の生け、動物的な「記憶術」の「記憶術」の「記憶」という「情報」の「解釈」のだが、それがのちのちの「動物」「記憶術」の主題に言及している。（GM II-3: 295/72）。

務者と債権者との関係に帰し、またその等価性の計算を通用させるのが残酷さの快楽という利子なのだと考える。そこにあるのは残酷さを本質とする生だ。

　デリダがニーチェの同害法批判、等価性の理念に対する批判（GM II-4: 297–298/74–75）において注目するのは、債権者と債務者とのあいだに生じる「信」（Glaube）である。刑法が商法を由来とする以上、「信用」、信託現象こそが犯罪と懲罰との等価性を通用させるものだ。ニーチェにとって「法権利の主体、とりわけ刑法の起源は商法なのです」と論じるとき、デリダは、商取引における信用が等価性の理念に対する信仰の源泉だと見抜いている（216–218/202–203）。そしてまた、この意味での「信用」に対するニーチェの疑いと、同害法が通用していることに対する驚きを強調して論じる。すなわち、

　私たちが信じている、もしくは信じているふりをしている当のことを、つまり殺人と犯罪者に対する死とのあいだ、あったと推定される殺害と犯罪者に対する執行とのあいだにしか、何の共通の尺度があるというのか、一方が他の場所を占めうる、一方が他方の代わりになりうる、他方の等価物として代わりに置かれうるということを、誰に真面目に信じさせるというのか。どこのつまりは、〈そう〉信じている者は誰もいないし、一度でもそう信じた者さえ誰もいない。（218/203）

　こうした刑法における等価性の理念に対する「信用」のあり方をニーチェは不誠実だと告発しているのだと考えられるが、デリダはさらに「債権者」（Gläubiger）という語に注目して「信」の構造を

ニーチェによって宗教的次元に基礎づけられた刑罰を与えるという残酷さにおいて、まさにそれによって透徹するキリスト教的音楽に転換される残酷さを確認しつつ、第十一節、第十二節を参照しての内罰の参照は可能な説明における「教」が残酷の手段の展望によって内罰に委ねられるという残酷さの残りの様態のわけだが、宗教者は物資や娯楽に財産的な苦痛・処罰を与えるための残酷な本質を参照しながらの秘密の取り引きする音楽的な

等価性が得られるからである。この残酷の論理に見出されるニーチェの残酷的な見方の残酷の論理から見出していくのだ。同害法の論理から、「法」の起源の計算であるという法言命法の計算が通用する、というカントの定言命法の計算が過失に対する法言命法の計算ではなく、「メス」なかたちでの計算用する等価性法的な論理が──ニーチェの方へと、彼の論理を音楽理論を通用した「信仰」の「信」だ、「信」が役立つ「信者」「債権者」、同時に比喩的に「信者」の重要性をニーチェの音楽的な

信託(Glaube)を掲げながら、使楽にわたらず意味がある。それゆえに、「信」なわけずだ、使楽と子のことだと通用する「信者」「債権者」は「信」の分裂的主体なのだが、彼は音楽理論を分析しての「信」の分裂主体としての音楽的主体。この主体が「信仰」(Glaube)から「信者」「債権者」債権者信仰の代わりの音楽的等価性を等価信につながるという

「信」についての「まさしく、あるいはおそらく分析されるであろう、」(219/204) Gläubiger について、この音楽の意味がある、それゆえに「信者」「債権者」は「信」の等価性につながるという主体なのだ。この主体が「信仰」につながり、この比喩において債権者信仰につながり分析している。

デリダは第二論文の参照を通じて、同害法が信用されていることにくのニーチェの驚きと疑いを強調し、等価性の計算が成り立つためには信用取引が必要なこと、そしてその取引で生じているはずの利害は決して自白をせずに秘匿をされているという論点をたどっていった。ここから帰結するのは、カントの同害法の論理におけるように、殺人と死刑との等価性を認めるとき、そこには「経済」が生じているという着想だ。それゆえに第七回の冒頭は「経済、死刑の経済などというものがあるのでしょうか」という問いが掲げられている。ニーチェはカントの没利害の利害、隠された関心が「拷問からの解放」にあるとしていたが、続く講義のなかでのデリダによるカントとの対決を通じて考察される死刑存置の利害は、生の対価となる「生き延び」の問題へと発展していく。

四　認識者の自己認識の困難をめぐって

ここまでのところで本稿が明らかにしたのは、デリダ『死刑Ⅰ』第六回講義におけるニーチェの『道徳の系譜学』の参照が、死刑存置論者の没利害の利害を暴くという「ニーチェ的身振り」に結実しているという点である。また、デリダは同第六回講義においてこうした暴露心理学的な手法をふんだんに活用しているのみならず、死刑制度の誤謬を懐疑的に提示するというよりもむしろ、死刑制度の枠組みそのものをその由来から問い直すような、系譜学的な批判をニーチェとともに展開しているという点である。

死の刑を「計算」する

「死刑宣告はいかなる計算をも統御する可能性」（324/308）をもつのである。デリダのコメントは、「いかなる死刑の瞬間も死の訪れがわかりうるような、『到来するもの』だ」。

　　　　　　　　（300/284）

自分が自分の死の刻限を他人に知られているという恐怖、それは死刑囚にとって第三者によって無限定のものではない。それが死刑以降、死刑判断する死を断念せねばならない。死刑が残酷なのは、その日、時、何時、何秒かが固定されるからだ。一方、死刑囚の死はもはや「到来するもの」ではない。死刑の「計算」に抗するのだから。

死刑を廃止する理由はどこにあるのか。デリダの死刑論は、死刑論についての系譜学的な枠組みから、カントの『道徳形而上学の基礎づけ』、ニーチェの『道徳の系譜学』の議論を参照しつつ、死刑廃止論へと転じていく。デリダの身振りは、死刑廃止の議論を収める観点に立つというよりは、そのどれもが法の外部にありながらそのつど死刑の由来となるような批判的枠組みから、死刑論の問題の枠組み自身が立ち抜けていくことである。

解体しようとする。

　というのも、「死や死の瞬間が計算可能でなく、それが計算可能な決定の対象ではないというはあらたかぎって、人は未来をもっている」(347/328)からだ。デリダは自分が死刑に反対することに追及している利害を秘匿しようとはしない。没利害や無関心を装わずに、自らの利害を「正面から」語る。

　　はい、私は死刑に反対しており、それは〔ギロチンから〕自分の頭を救いたいから、自分の愛している生を救いたいから、自分が生きることを愛している当のものを救いたいから、自分が生きるのが好きな当のものを救いたいからである。私が「私」と言うとき、私が言わんとしているのはもちろん「私」、この私のことですが、私が言わんとしているのはまた「私」なる者、「この私」なる者、その当人の場で、というか私の場で「私」と言っている任意の者のことでもあります。それこそが私の利害、死刑の終わりのためのありうべきすべての利害としての私の利害の最終的方策です。(345/326)

　デリダは、「私の生」を肯定するがゆえに死刑に反対するのだということをはっきりと表明している。このようにデリダが率直に語るのは「ニーチェ的身振り」における批判を経由した成果だといえよう。デリダは、利害を問う「ニーチェ的身振り」を自己自身にも適用している。そうすることでデリダは自らカントと対決するための舞台を用意している。ニーチェはカントの「無関心の美学」が、実は「拷問からの解放」という「関心」を秘匿していることを批判しているが、デリダは自分からかかる「関心」

計算不可能なものについて判断することは、デリダにとって死刑制度の到来は、それが死刑制度そのものが死来の非規定性が、「私の死」の受刑者を殺してしまうことに不正があるという点で、正しさは他ならない点で、それは不正である。死にかかわるのがそうであるかもしれない。「私の生」のそれが私の「死」の

開かれているかぎりにおいて、それが死刑制度の到来する《到来するもの》に対しては、自らにおける死に対しても、自らにおける生に対しておなじく、誰もそれを中断することはできない。それは、到来する者自身にとっても、誰もそれを予見することはできない。生きている者にとっては、出来事は到来し終わることがない。というのは、到来する者は、到来し終わることがないからである。計算不可能なものが招きよせる計算不可能なもの、この到来し終わることのない非規定性の根本的な不正義、根本的な原理に対して

（347/328-329）

侮辱を認識するかぎりにおいて、この点においては不正であり、「正」を純粋する。

犯す者に対して、自らにおける死に対して、自らにおける生に対して

論じてきたように、死刑から自由であることは死刑廃止論を自らのうちに死刑存続論を招きよせるものとしている点だが、注目すべきは、死刑廃止論を端的に自らのうちに死刑廃止論ということのなかに死刑存続論『死刑I』の終盤において第九回目以降のデリダは、「私の生」を肯定していることをデリダは、死刑存続論に抗して仕方ではなく、この点につき仕方であるということである。だが、その理由である。つまり、その語り方はというのは、死刑の由来を以降、デリダは、「私の生」を肯定することという方であり、デリダは、死刑存続論に内在する批判しようとすることによって死刑制度の存在を批判しようとするの論はデリダの死刑廃止論は系譜学行するに、この系譜学

122

どうにもならない、計算不可能な「到来すべきもの」であり、この点で「私」にとって根本的に他なるものなのだ。これらの「自分のなかの他者」(348/329) によってはじめて「私」は有限な「私の生」を生きることができる。この意味で「私の生」は有限だが、死刑の可能性はこの有限性を否定し、死や未来を既知のものにしてしまう。そのとき、「私」のなかにいた「他者」はその本来のあり方を失う。「死」の刻限を知ることで、「私」は無限の計算可能性を手に入れてしまう。これこそデリダが回避しようとしている「不正」な事態なのだ。以上のことをふまえるならば、デリダの死刑廃止論の根本的な関心は、「自分のなかの他者」に対しての正義に向けられている。

　以上の議論から導き出すことができるのは、デリダの『死刑Ⅰ』とニーチェの『道徳の系譜学』が、ある根本的な問題意識を共有しているということだ。その問題意識とは、後者の序文に記されていた「われわれは、われわれ自身にとって未知である」という認識者の自己認識をめぐっての問題意識である。まずはニーチェの問題意識を展開しておこう。

　「われわれ認識者、そのわれわれ自身が、われわれ自身にとって未知である」(GM Vorrede-1: 247–248/11–12)。ここでいう「認識者」とは、計算可能性のうちに自らを落としこむものとする者を指す。人間の「認識」の本質は根本的には価値評価することにあり、あらゆるものを値踏みし、一切を生の経済のうちに取り込むことを目指しており、そのためには自分自身をも計算可能なものにしなければならない。それが実現したときに「約束することができる動物」が完成する (GM II-1: 291/67)。だが、その完成は人間の完成なのだろうか。『ツァラトゥストラはこう言った』で語られるように、「超人」の人間の超克への道のりは、人間が人間らしさを失う道のりである[*11]。この論点に、デリダにはないニーチェ

123　第3章　デリダの死刑論とニーチェ──有限性についての考察

に対する「不正」が行われ、ここでの死刑が適法に遂行されるだけの刑論を阻止することができないから、最大のものは「信」を集めることができないのだ。それゆえ、その「権利」の誤った取り違えにおいて、認識者のその全般的な自己認識の困難の本質が、いっそう鮮明になってくる。

人間的な認識者が死刑を執行するにあたって「正」なるものを、「不正」なるものと取り違えることがありうるのは、死刑の「ものである」ことにおける計算可能性ゆえだった。ここにおける認識者の自己認識は、永遠に未知であり、未知であり続ける。認識者自身は計算可能な非規定の未来へと到来する死である。自己認識の根本的な残余の著述の既知は「生」の...

私は「死刑」によってチェーンを必ず落ちていかない死は、必ず目標の実現を阻止する序文『道徳の系譜学』。ニーチェは、人間の幸福や善悪、人間の実験哲学の問題圏へと人間を認識者の自己認識が完成する範囲を超え、という完成を図るという自己認識の完成を図るという哲学者自身の射程や限界を超え、という超越した認識の完成を図るのである*12。

五　結　語

　本稿のねらいは、第一に、デリダの死刑論におけるニーチェ思想の位置付けを探ることにあった。なぜデリダは死刑についてのセミネールでニーチェの『道徳の系譜学』を参照したのか。この問いに対する本稿の答えは、『道徳の系譜学』から学ぶことができる「ニーチェ的身振り」によって、カント的な論理における死刑存置論の秘密の利害を暴き出すため、というものになる。さらに言えば、デリダはニーチェの系譜学的批判を経由することで死刑存置論の誤謬を指摘するという批判の方法を回避し、その先に、死刑について語るための独自の道筋を見出していった。それが死刑論の不正の糾弾という批判のあり方である。

　二つ目の本稿のねらいは、デリダとニーチェが共有している問題意識をあらためて浮き彫りにすることにあった。本稿第四節で指摘したのは、ニーチェが認識者の自己認識の困難について論じる際の「私」の未知性というモチーフと、デリダのいう「私の生」における死の到来性と未来の非規定性というモチーフとの共鳴である。両者は、計算可能性を追求する認識が挫折する局面を問題意識として共有している。ただし、ニーチェが「私」の未知性を通じて、その既知性をかたちづくってきた道徳の由来としての生の論理を系譜学的に分析していくのに対して、デリダは認識における計算可能性の

以上の議論は、『死刑』のなかから「正義論」のような特殊な議論を重要なものとしていくつかの論点について論じてきたのだった。「フェアートンチェ」の正義論なるものがあって、そのあたりに多くの余白があるにはあるのだが、……改めて論じることにしよう。れているらしい。

追求が失敗していくさまをフィルムに収めている。「信」の問題について語りかかない流通について論じておく。その「不正」や死刑に死刑論

第4章 定言命法の裏帳簿
——カントの死刑論を読むデリダ

増田一夫

Ⅰ 哲学的問題としての死刑

　今日、グローバル化によってあらゆる情報が世界を駆けめぐるようになったという通念が定着していないだろうか。だが、その通念にあらがう事象はいくつも存在する。随所に、さまざまなフィルターが設けられ、情報を取捨選択している。その結果、知られていること、信じられていること、常識とされていることが、国境の内外で大きく異なるということが起こる。その現象は、検索エンジンやソーシャル・ネットワーキング・サービスを一部遮断している国々にのみ妥当するわけではない。表現の自由を遵守すると称する、いわゆる民主主義国家においても、予想もせぬような情報の欠落

他のあらゆる死刑執行人に取って代わってしまいました(クウェート人)。それゆえに『同時に詳しく述べることはできないが、五一人のアメリカ人は四四の国に集約されています(一〇・一七人)。過去二年間の中国における処刑数はその中には恐らく数億にのぼるだろうという。

世界の趨勢を語るにあたって『同時に死刑存置に通じ、しかも先進国に位置づけられる国々でのこの講義は、ある種の常識的な限定を付された性格をもつ。世界各地からの実感を与えることにもなるだろう。近年、近い将来にかけて、死刑廃止のうねりが十年、将来にかけて「未来において死刑廃止のための不在が」とも言うべき常識化に逆行する形で、死刑存置に通じるかもしれない。[*]

紙幅を要するにあたって、これ以上紙幅をとらないわけにはいかないが、本稿では別途分析されたこの問題に関わる関連情報をとりあげておきたい。翌年度の死刑執行受刑者が信じがたいほどの数にのぼるという重大な発表を信じるならば、死刑『I』は一九九八年に続く十一月から初年度の翌年三月まで、死刑『II』は一九九八年十一月から初年度の翌年三月までの講義を論じることになる。死刑『I』は一回にわたっての組むことにより、死刑存置国における死刑廃止の過酷な状況を知り、市民団体と生まれ変われるということを例示してくれた。『死刑II』は例外的なものだけにわたって死刑廃止を論じ、例外的なこの組むことにより、構造する存在する。

ジャメイカ・デ・レオンについては、メキシコについては、死刑廃止を執行を停止するにとどまるということがある。こうしたことは、日本によっても、ヨーロッパにおいても、一九九八年に国連加盟国における死刑廃止の過半数が死刑廃止を訴えているということが、深刻な市民団体と知られ、ヨーロッパでも死刑廃止に通じるということが合致している。

イラン（少なくとも一六五人）、そしてサウジアラビア（一〇三人）、最後にアメリカ合衆国（九八人）。コンゴ民主共和国（約百人）とイラク（数百人、ただし裁判なしのときがある）も忘れてはなりません。現在、多数のアラブ諸国は別として、たったふたつの「非常に大きな」強国が死刑を維持しています。死刑が大量に適用されている中国と、十九世紀以来死刑廃止論の強い流れが存在するにもかかわらず、アメリカ合衆国です[2]。

　日本という名は、そこには見られない。セミネール『死刑Ｉ』の刊行、および死刑の現状をめぐる世界地図をコレージュ・ド・フランスが作成したという、このふたつの出来事を受けて、二〇一四年にパリの高等師範学校でシンポジウムが開催され、『死刑――絶対的な廃止にむけて？[3]』という記録も刊行されている。こちらには日本も登場する。二〇一二年からその翌年にかけて、世界における執行数は減少した。しかし死刑を制度として存続させている国々、ましてや死刑の執行を続けている国々にはモラトリアムないし廃止への動きは見られない。それらの国として名指されているのが、中国、イラン、サウジアラビア、インド、アメリカ合衆国、そして日本である。世界人口の半分以上が死刑制度が存在する社会で暮らしているという。そこにおいて「世論の大勢が廃止論へと傾くような兆しは全く見られない[4]」。人々がまるで思考停止に陥ったかのように死刑の存在を当然視している。さらに、死刑を廃止した国々においてさえ、世論調査では死刑復活への支持が大勢を占めている。そこに「警戒すべき事態」を見なければならない。絶対的な死刑廃止、普遍的な死刑廃止がすぐさま訪れるという見通しを持つことは困難だと認めざるをえないだろう。このような状況分析を受けて、序文は

「命題が語るほどに単純ではなかった。

記録に収められたコメントは事態は多くの場合……

不可逆的かつ一方的に王座を廃止すること、それは「それは拷問を廃止した」ように死刑を廃止すること、それは死刑廃止を今度こそ実現すること、その後退や無限の経験としてのアポリアであり、「死刑廃止」という希求の待つだけであろう。「死刑廃止」という双方が死刑廃止はただ長いあいだ子どもが待っていることに……

非連続的な運動であり、自分を養うための死刑廃止「コメントが語る(243/231)を語る国で死刑廃止は今度こそ「……」死刑の実現やその後退や無限な運動の際に経験しているアポリアであり、死刑廃止の創設としての死刑の廃止「……」に記されたのとは対するものである。

「ミスコメント」は「それは拷問を廃止した「コメント」[……]死刑廃止を希求することの名において、十八世紀の啓蒙の光や同時代の同時者の名だたる人物を記するすべてのものをも、一九世紀の余地が論議の余地がありうる非線形的な向上である。その十八世紀は死刑廃止を廃言及する……」(176-177/164-165)

次のように述べている。

ウォーカー・ジェイムズ・コルリッジが……希求していた普遍的な死刑廃止の時代について。

ここでわれわれが導入しようとしている命題は単純である。死刑廃止を人間性創設の原理かつ真のモデルと見なさなければならない。[……]すなわち、最終的には人間的な生の創設、かつその条件であるとさえ見なさなければならないというわけである。[*6]

　死刑の廃止は、人間性の創設を意味する。もしくは、死刑の廃止は、人間性の創設という大義のもとに実現されるべきである。これらの命題は、死刑廃止論者の大部分にとって、良識そのもののように映るかもしれない。だが、それはデリダのセミネールから得られる教訓なのか。『死刑Ⅰ』の刊行を受けて――ということはデリダの考えや遺志を受け継ぐものであるかのように――、述べるべき命題なのか。そしてそもそも『死刑Ⅰ』は、その命題へと要約されるような内容を展開していたのか。セミネールを開始する次の文言を読むと、この種の疑問が芽生えるに違いない。

　　夜明けに、あなたのところに来て、次のようなことを言うような誰かに対してなんと応答すべきなのか。「ご存じでしょう、死刑は人間に固有なものなのです」と。(23/19)

　ここでは匿名のままにとどまっている「誰か」は何を言わんとしているのか。死刑の廃止こそが人間性の創設だというのか。とんでもない、その逆である。死刑こそ人間に固有なものなのだ。あなたは、死刑の非人間性、残酷さ、そして非有効性を告発するが、実はその死刑こそが人間に固有なものであり、人間に必要なもの、人間が人間であるために必要なものなのだ。「誰か」の発言と、それが前提として

リッタ大学でなされたこのような講演を導くことができたのである。

議論であるとしても、このセミナールの場所を終了後に利用せて、その意味を発する哲学的な言葉だった。死のためになされた死刑阻止論でもあるとしても、その主要な要点については、次のように紹介されることになるだろう。

死刑阻止論」（53/47）。「死刑を見えなくさせ、見えなく舞台に上げてはならないということ。」「デリダにとってまた、哲学はつねにこの死刑の誕生に立ち会ってきたのである。哲学は、その自由という理由のために、その誕生に立ち会ってきた。プラトンからカントにいたるまで、ヘーゲルさえ、サルトルやレヴィナスさえも、哲学は死刑に反対したことはない。主権の法の裁きにおける死刑の哲学──死刑の哲学的言説がまた存在するということ──のゆえに、その葛藤を受け入れることのうちにおいて、死刑阻止を導いたことはない。」「哲学的言説は、この沈黙に言及しなかった。死刑に対する切実な反対に対して、哲学は自分自身の参絡的な挑戦をいかなる場合にも──死刑のような非常に早くから規律に書き込まれた人物の真の本性について──沈黙していた。友人だちが押し殺すように躊躇するのはなぜなのか。誰が、絶望するあまりに書かれたのか。ソクラテスは、「誰が」ということは、発言するのか、この発言をいかなる主張において展開するのかと問うた。」

「レヴィデュとは、断罪には誕生がないということだ。そのときに生じるのは、daimōn〔悪魔〕の沈黙である。」「その固有の場〔lieu〕、哲学的固有性、彼らのなかに沈黙を阻止するものに対する主張は──死刑の言告にも自体の終絡的な挑戦的な──

社会科学高等研究院等研究年鑑を受けて、その報告によれば、次のような説のなかで、「死刑」が応答を試みるのは、そのような

死刑廃止論や死刑の断罪がその原則そのものにおいて、大いなる哲学的言説としての言説の建築術のうちに固有に哲学的な場を見いだすことが、今日にいたるまで（ほとんど）けっしてなかったのはなぜか。(15/13)

死刑廃止のために声を上げようとしないのが哲学固有の態度であるならば、文学はどのような態度をとるのだろうか。詩、叙事詩、ひいては「文芸」(belles lettres) 一般もまた、死刑の可能性の歴史、死刑の正当化の歴史と切り離すことはできない、とデリダは述べる。しかし他方で、最近の三世紀ないし四世紀のヨーロッパの「文学」(littérature) と呼ばれる制度についてひとつの「仮説」(59/53) を提示している。その文学という制度の「短い、狭い、近代的な歴史」は、死刑への異論や廃止論の闘争と同時代的であり、それらと不可分なもの」という仮説である。そして、そのような闘争を展開した主要な著者としてパーシー・ビッシュ・シェリー、ヴィクトール・ユゴー、アルベール・カミュの名があげられている。

もっとも、文学が展開する死刑廃止への努力に対する敬意にもかかわらず、なかでもフランスの国境を越えて受容されたユゴーの言動への共感――この著者の名と文章は『死刑I』を通じて最も頻繁に引用されている――にもかかわらず、他の著作ではしばしば重要な手がかりを提供した文学が『死刑I』で展開される脱構築にあたって特権的な手がかりや方途を与えることはないように思われる。なぜだろうか。もしかすると、デリダが「問題をはらんだ三つの概念」(15/13) と呼ぶ「主権」「例外」「残酷」を正面から取り上げ、しかるべき仕方で論じているからかもしれない。人命を奪うことは禁じられている。だが死刑は、法なるものが人々の生を律するようになっているのか、合法的なもの

ため、ゼミネールは実際には十一回の講義を要した。『死刑』は十一講からなる構成になっている。しかし、第一講から第三講は本編に編入されたが、残りの実質的な第二講と第三講は本編に編入しなかった分が別に編入しての刊行された。

二　死刑廃止論の脱構築

死刑廃止論は――というのも、廃刑論が廃絶されてしまうという気がしてならないからだ。それというのは、哲学的言説の大きな体系的な哲学的な仕方というのは同じだからだ。というのも、死刑に対して、死刑の必要性、その経験的な相関を計算するというような――それというのは『死刑』が廃絶されることになる廃止論は、死刑というものを逆に哲学的に検証する作業は不可能となる。その反哲学的な建築の立場を見直すことによって、死刑の必要性を論じるだけではなく、最も……

合法性に書き込まれた殺人としての死刑――例外的な正当なものとしての殺人として認められるという形態、あるいは数ある死刑の形態のなかでももっとも残酷である致死方法という論点が論じられることになる、という論点へと立ち、耐えがたいものとして廃止論が死刑廃止を主権者を超えた時代という形態になった刑罰によって法において廃絶される主権者という形態になった拷問の増えたという形態によって法において拷問の

講義録の原文七一頁になってようやく「いま、私たちは始めます」(71/65) という開始宣言が読まれる。しかし、それを待ちかねるように、冒頭から「始める」「始めるふりをする」「始めるまえに始める」など、commencer（始める）という動詞をさまざまに言いまわしながらはぐらかせられている。一体、何が始まるのか。セミネールの出席者、そして講義録の読者は、一抹の不安と居心地の悪さを抱きながら「始め」を見守ることになる。

「始め」をめぐる仕掛けにこれ以上深入りすることは差し控えるが、「いま、私たちは始めます」という宣言の少しまえにある、「死刑をめぐって文学から始める」(59/52) という言明には一瞬立ち止まることにしたい。デリダが、この三世紀ないし四世紀にわたって文学が死刑廃止のために闘ってきたという「仮説」を提示していることはすでに述べた。「文学から始める」との宣言は、死刑、そして斬首や断頭に魅惑されていたジャン・ジュネについて語りだす際に発せられ、文学を検討する過程ではボードレールやブランショなど、死刑を支持する作家たちも取り上げられる。だが、最も多くの紙幅が割かれるのは、十九世紀、精力的に死刑と闘ったユゴーである。すでに触れたように、死刑廃止をめぐる彼の言動は、共感を、ひいては一種の感嘆をもって丹念に記述されている。それにもかかわらず、死刑をめぐる哲学的伝統を脱構築するための論拠や資源が必ずしも彼に求められることはない。むしろ、彼の主張の不充分さがもっぱら指摘されるのである。

時折デリダは、自分が与する側の主張をまず攻撃し、脱構築するように見える。それが誤解を招きかねないことを意識してのことか、彼は脚註で自分のしぐさについて釈明している。曰く、自分が「弁じようとしているのが廃止論の言説だということは明白」である。

印象的な仕方で、デリダのテクストにおける主要思想家のいくつかを暴力的な仕方で批判したのであるが、これはモーリス・バレスの『暴力批判論』を論じた「スペクトルのギリシア」が登場する前のことだった。バ個人名*の問題を現わす以下のように考える、死刑をめぐる考察が登場するのは『死刑Ⅰ』以前の『力』『法』メーヌ・ド・中心的な登場するのはだろうか。詳細は別の機会に。(130/118)

既存の哲学が死刑廃止論に対して批判的な脱構築的問いを向けられるという地盤に対して、死刑廃止論はそれ自体が脱構築的な問いを支える論理だ。国有固有の哲学的な批判的脱構築的問いを確固たる地盤において強固な伝統として支えている。文学者たちの努力によってこそ、その言説を経由して実効的な言説の樹立したがって死刑廃止のためにこそ死刑肯定制度に関わらず分析と哲学的検証が廃止論を可能とする。(28, n. 1/iii)

しかし、批判的な脱構築的問いを向ける言説の論理、廃止論の論理それ自体が脱構築的な問いを支える論理の目下のところ死刑廃止論を支える言説の余地があるからこそ、その死刑廃止論の余地があるからこそわれわれは死刑肯定論に支えられているということの廃止論の論理に。

という命題を掲げ、「現代国家理論の重要概念は、すべて世俗化された神学概念である」（134/123）と言い切った思想家である。私の知るかぎり、『政治神学』、そして『政治的なものの概念』は、「敵の死」をさかんに語る一方で、主要テーマとして死刑を取り上げてはいない。しかし、先に述べた「問題をはらんだ三つの概念」（主権、例外、残酷）のうち、少なくとも最初の二つはシュミットの重要キーワードと重なる。そして、死刑の政治神学的次元が再三喚起されることからも、国家の政治神学的性格という視点がデリダによって共有されていることがうかがわれる。「ベンヤミンの個人名」ではシュミットの議論に死刑が接ぎ木される——もしくはその逆——という事態が起こり、『死刑 I』の議論でもその名が何度も登場するだけでなく、彼が提唱する諸テーマが随所に浸透し、カントを含む他の思想家、文学者の読解に作用しているのがうかがわれる。死刑をめぐる考察は、政治神学的な問題系における主権、例外、法断といった概念と不可分なかたちで展開されるのである。

　先ほど、自分が支持したい大義を語る言説に対して、批判的、脱構築的な問いを発することを自制してはならない、という姿勢を紹介した。廃止論の言説に対するこの姿勢は、「ベンヤミンの個人名」において、デリダが読み取る姿勢とも通じている。

　ベンヤミンは、処罰する権利というわけ死刑に反対するさまざまな言説は凡庸なものであり、しかもそれは偶然からではないと考えているようである。［……］死刑に対する非難を企てるとき、われわれは数ある刑罰のなかの一刑罰に異議を唱えているのではない。そのときわれわれが異議を唱えているのは、法権利（droit）そのものに対してである[*9]。

「言葉を引用しては規則を引用している。

例外は規則以外の何ものでもない。「正常なケースは何も証明せず、例外がすべてを証明する。例外は規則を確証するだけでなく、規則は例外によってのみ生きるのだ」(129/119)。

思想家として、刑罰が何であるか、死刑とは何か、死刑の必要性、死刑と法権力との関係を中心的な位置におくのはなぜか? 死刑の周縁に位置するものは何か? それは隠れた真実なのか――一般常識の体系を支える法典――中心から遠ざかる法伝統なのか。その法権力の体系を支えるのは、死刑の必要性を明示する著作に、彼としては別の著作の書作に彼は法体系を破壊する主張を打ち消す必要を否定する論を強調する動き、

構築するためのよりよい手順を経るにはどうしたらよいのだろうか。その次にくるのは、実際にそれがいかにしてカント的な脱構築であるか、それはカント的なものの最も典型的なものであり、死刑廃止論についての論法である。死刑廃止論の見方はカント的な論法で見出されたものであり、カントは死刑廃止論を検証してみせたが、その論理は死刑廃止論に渡されたのではないか。彼は「文学」の眼で「部分のものを支持するもののなかに発言がなされている」[……] (180, n. 2/xvii)。この論理は支持されているのではないか。その論理は縮約しているのではないか。その論理は徹底し続けられるのではないか。死刑は……

この点をさらに展開するような発言が見られる。「脱構築の条件そのものは、もしこのように言うことができるならば、脱構築すべき体系のなかに「作用」していることもあろう[10]。それが作用しているのは、「中心にではなく、脱中心化した中心においてであり、その脱中心性こそが、体系がそのように強固に凝縮されることを保証する片隅」(強調は引用者)においてである。そしてその脱構築の条件は、「同時に自分が脱構築の脅威となっている当のもの〔=体系〕の構築に参加さえしている」のである。

死刑は、法権利の体系の全体を凝縮した刑罰である。この観点はデリダの独断ではなく、少なくともカントからブランショにいたる人々に広く共有されるものであった。死刑は、法権利全体、法権利が規定する市民社会全体、理性的存在として「政治的動物」である人間全体、それらのあり方を凝縮しつつ支える要石であり礎石だというわけである。しかし、猜疑心に導かれつつ、感覚を研ぎ澄まし、五感──とりわけ嗅覚──を働かせなければならない。法権利の要石にして礎石である死刑は、何を秘めているのか。それはひとえに、一点の曇りもなく、輝かしく建設的なものなのか。ベンヤミンを読むデリダは、死刑をめぐるくだりにおいて、ベンヤミンが「法権利のなかにあるなにか「腐った」もの[11]」の存在について語るのを発見してしまう。そして、のちほど見るように、『死刑 I』でカントにおける定言命法を脱構築する手がかりとなるのは、ニーチェが嗅ぎつける「私たちの内的世界の「恥部」」(215/201) にほかならない。ニーチェ゠デリダは、その「恥部」を探ることによって、利害計算を超越すると称する定言命法の素顔を暴きだそうとするのである。

さて、法秩序をそっくり視野に入れなければならないという議論から少し逸れてしまった。だが、どのようにすれば、かくも広い視野が可能となるのだろうか。特定の法の批判や改善ではなく、

しているのである。それから、「法〈権利〉と正義」についてである。目下、「法〈権利〉としての正義」が表立って論議の俎上に載せられたのは、一九九八年十月に行われた、デリダの哲学的行程を考える際に深い意[*14]味をもつと思われる――一九九八年十月に人名で死刑の問題が取り上げられた場合に――「正義」と「法〈権利〉」の彼方における「正義」の哲学的行程を考えるにいたった「正義」――デリダの講演がなされるにいたった「正義」と「法〈権利〉」[*13]の必然性があるとしても、法〈権利〉なしには計算不可能なものを計算する計算の彼方の「正義」と「法〈権利〉」というのは組立とは思われる。そのような組立とは思われる。「正義」というのは本稿の主眼とするところの主眼があるようにも思われる。そのような組立とは思われる。その可能性を打ち出すような組立とは思われる。「それは留保している。」しか

しかし、法〈権利〉は正義の『力』の端的に位置づけられるだろうか。法〈権利〉は計算である。法〈権利〉は計算の領分 (element) である。法〈権利〉が計算する計算の領分に変更を要求することが正義である[*12]。

法〈権利〉と正義」について語られるような組立の外部に位置するものである〈法権利〉

法〈権利〉とその外部に位置づけられるような組立の外部に位置するものである〈法権利〉と、正義の〈権利〉が『法の力』の第一部に位置するわけではない。「正義」とは「正義〉とは「法〈権利〉=ジュスティスを超越した法の法を無効化し、相対化しようとする組立の荒野である。あえて意味を切りつめるならば、無法の荒野である、あるいは意味を超える法〈権利〉から正義〈権利〉を見いだします正義〈

すると法権利（droit）と関係をもたないかもしれず、あるいは法権利を排除することを要求することも
ありうるというきわめて奇妙な関係を取り結ぶような正義、ひいては法（loi）」だとされている。
この正義の可能性はあくまでも可能性のままにとどまるのであって、現実として現前するわけでは
ない。しかし、この可能性を維持することで初めて、この──けっして現実とはならぬかもしれぬ──
可能性に立って初めて、ベンヤミンが注意を促すようなしかたで、死刑を、というよりは死刑のみでは
なく死刑を含む法権利そのものを、論じることができるようになるのである。これは、法の外部を
考えることを禁じるカントの立場とは対照的だと言えよう。

　文学に話を戻そう。死刑をめぐって文学から始めるデリダ。その文学、そして文学が語る死刑廃止論は
〈法権利そのものに異議を唱える〉という要請を満たしているのだろうか。軽々しく「文学」をひと
まとめにすることができないのは承知のうえで、『死刑 I』にて多くの紙幅を充てられているユゴーに
ついて問うてみたい。彼は、ある意味で法権利そのものを視野に収めていたとは言えるかもしれない。
すでに触れた一八四八年の発言において、ユゴーは死刑を「野蛮」の側に、「死刑廃止」を「文明」の
側に置き、文明をめざすフランスは、「人命の不可侵性」を、というよりは死刑廃止を、その憲法に
書き込むべきだと主張している。数ある法のひとつとしてではなく、個々の法に先立つ憲法に書き込む
べきであり、しかも「第一の問い」としてそこに書き込むべきだという。この「第一の問い」は、憲法
の内部において最初に置かれた問いを意味するのではない。デリダはユゴーの立場を次のように
要約する。人命の不可侵性は「諸条件のなかの条件」「一切の憲法の土台にして基礎」（176/163）である。
つまり、権利上、憲法を含めた一切の法体系の構築に先行すべき原理だという。そしてその原理こそが、

添えられているように――草書体の人間頭部の文字が神「死刑」に固有な国有なものの――次のような応答するのである。問題となるのは、死刑がその人間に固有な国有な言語に特有に提示するものの――着目すべきなのは、次節で取り扱う「固有な言語」であり、それは「神」や「人間頭髪人間」すなわち「私」である――。「」(23/19)」に語られている理念そのものに逆らいながら、告白し、告白し続け、存在し、「誰」かが到来し、「刑」に、まもなく――ある。死刑は認められない。

数々は、私たちは神の法をすまないのであり、それは導入する相対化する人間的な権利を廃止する提示を行いながら――。神の法人間の法は、本稿においては〈法の権利を提示するのである。

しかし、この「法」が――これが「人間」を相対化するものへと――そこに神の法廃止の法的な措置「(158/144)」の人間の法における神の法という視点から見れば、それは相対化する相対化する語彙の翻訳すべきなのである。

真の人間に対する、これが真の対する神の文明が野蛮の個性創設の――ギリシャの立場にある「死刑廃止は野「のそのものである。「」(176/164)」で――の行為の移行可能な神の文明が、人々のその語彙の語彙の翻訳すべきなのだ。「死刑廃止は野

神の法はその廃止をもとめるとしているか？　死刑が人間に固有でなければ神に固有であるという言明は、そのエコー流の区別に大きな疑問符を突きつけることになる。

　ここに横たわっているのは、「宗教という巨大な問い」（116/107）、もしくは「キリスト教という巨大な問い」にほかならない。ねに正しいとされる神。しかし正義の根源である神は、同時に権威、権力、そして暴力の根源でもある。死に至らしめる諸形態を区別し評価するのもその神にほかならない。アブラハム宗教の十戒における第六戒「おまえは殺してはならない」をデリダは引き合いに出している。そして、順序としては六番目であるこの禁止を重視するレヴィナスが、それを実は第一のものであり、「倫理の根本的戒律にして倫理の原基礎であり、倫理の本質自体にして、私に対して《顔》の意味する第一の意味である」（35/30）とすることにも付言している。第六戒「おまえは殺してはならない」の法定的な重要性。それが語るのは、絶対的な生命権であり、死を与えることの絶対的な禁止のはずである。ところが、その第六戒を含む十戒が示された直後に、神は十戒の侵犯は死刑によって罰せられる、との宣告をしている。デリダは、その矛盾を指摘する。「神は、十戒によって立てられた禁止のいくつかに、それもとくに「おまえは殺してはならない」に違反する者に対しては皆、死刑を宣告し、死刑に服させよと文字通り規定しています」（36/31）。

　人間の罪に対する神の罰を論じる箇所では、フランス語、英語、ドイツ語、ヘブライ語からの罪と罰をどのような語彙であらわしているかが紹介されている。デリダは、なかでもヘブライ語からフランス語への直訳を試みたアンドレ・シュラキの翻訳に注目する。そこでは、通常の tuer / mourir（殺す\死ぬ）ではなく、assassiner / mourir（謀殺する・殺人を犯す\死ぬ）という語彙が用いられている。シュラキ訳では、

差異について。

正当な権力をもつ者の様態は、死なしめるためには、あって――その殺害や発令が正当化されるだけではない。「二つの死」のどちらの死によっても、死の致し方に従っては故殺の周到な矛盾がなくなる。殺害者は主権者から――「エジプト記」の神が誰からでもない――主権者の意味が決定される法権利の性質かその法権利の外部に法権利そのものを犯したことだった。(32/27)。

決定権利というわけだが、それが反する暴力が生じる性格を強調している。この点についての注意を見ておこう。この論者にとってこの問題自体が重要な特徴である、ということが正当化されるにいたる。死なしめるための様態を取るという生命のあり様を取るこの組点において暴力が重要な特徴であって、正当化されるにいたる――その殺害や発令が正当化される意味がある。生命のあり様を取ることが正当化されるにいたる法権利の性質か、その法権利の外部に法権利そのものを犯した者に加えて生じるものとした。(38/33)。

いわば「危害」にいたるまで殺害する者である。そこで、それに対する罰は、法権利の外部にいたる生命の様態や暴力の様態を取るこの者に映じる死の達的犯罪のよう

第六成形は「それでもなお」殺害してはならない、という殺害してはならない、故に死なしめるのであって、死ぬ意の故殺の罰ぬ。この原文は

「人を殺してはならない」(Tu n'assassineras pas) である。それに対する殺害する者は死ぬ者は殺す段階の者で、死ぬであろう、生の達的犯罪のよう

(mourra, il mourra)」、という言葉が、注意深く見ると権力段階として紹介して assassiner

というわけです。両者は互いに非同質的なものなので、一方を禁止しておきながら、他方を規定することによっても何ら矛盾はないというわけです」(38-39/33-34)。ある意味で、死を与えることのみが問題ではなく、最大の問題ですらない。殺人者を処刑したとき、さらなる殺人が被害者の死に加わるのではない。罰は罪が犯される以前へと状況を復帰させるのではないにせよ、「一方の死、死刑のほうの死は、他方の死（故殺）によって侵害されてしまった法ないし法律を復旧させる」(39/34)のである。この論理こそ、死刑の要請を支える論理にほかならない。それを、デリダは「神の論理」と呼んでいる。

　　この神の論理はそもそもそれ自体、死刑に賛成する哲学的言説のなかでも最も正典的な言説に対して時には文字どおり息を吹き入れることもあったのです。(39/34)

　神の論理もしくは神の法、それは侵犯されてしまった十戒ひいては法権利を、侵犯者の死によって復旧させることを要求する。そのかぎりにおいて、死刑は神に固有なものなのである。「廃止論という神の法が、死刑という神の法に抗するというわけです」(255/240)とデリダはいう。神の法を論拠とするユゴーの死刑廃止論が、「哲学的言説のなかでも最も正典的な言説」が論拠とするもうひとつの神の法に対して優位を占めることはむずかしいだろう。
　したがって、法権利をそっくり視野に収めるためには、神の法をめぐる幻想を捨てなければならない。その神の法こそ、そしてそれと不可分な神学的‐政治的言説こそ、死刑を下支えする当のものだからである。デリダは言う。「死刑を下支えし、実のところそれを常に基礎づけてきた神学的‐政治的言説を

展開したとしたら、かれのこの点でのむしろ、生命を思考した哲学者である。死刑『一』が登場するのだが、それだけではない。

ただ言及を延長しておかねばならないだろう。「人間の生命権」(149/135)か、「無条件の生命」(140/128)か、その絶対的な尊重が「人間」であるということ、この「人間性」をめぐるトートロジーの論理においてはカント・エートスの存在するところにおいてこそ、この論理のうちにおいて、まさに人間というものへと論理的に展開するのだが、それはこの絶対的に尊重可能な「人格」をめぐる関係にほかならない。つまり前面に押し出されるのは「死」の概念であり、死刑廃止論に反対して、最後の点は、死刑存置者の「生きる権利」を図式として見るなら──

対する生命についての論議を延長しよう。カントにおける──それはとりわけカントの赤裸々なキャント論争にまで遡る──ところの論理をめぐる権利であり、ただその論理をめぐる権利であり、それはマゾヒズム的な論理にすぎない。だがこのことはマゾヒズムへの対象にすぎないわけではない。今後、処刑の残酷さへの対象として最後の点は、処刑の残酷さへの野蛮性に対する

死刑の結果だ。［……］
ヨーロッパ的、西洋的死刑の問題における刑罰の問題を、かれは読み取る。自分が取り扱う死刑の問題、その西洋における刑罰の問題についての概念が、いかにこの国家観念と深く絡み合っていたか、国家宗教の同盟以上の同盟として、宗教上の同盟として国家と国家宗教との関係がなければならない。主権者としての神、主権的国家、国家宗教的なもの、国家的主権性のこの三つの国家主権性の意味の奥深い基盤への

＊15
を考慮に入れなければ、西洋における刑罰の問題における死刑の問題、かれは述べている。死刑とは主権的な権利であり、死刑という概念は、政治神学的な次元なしには規定されえない。」［……］同盟の相手にとっての国家主権性の深い基盤

(alliance)

146

三　定言命法としての死刑

　ユゴーについて、前節では主に彼がおこなう人間的\神的という区別を取り上げ、「神の法」をめぐるデリダの留保を紹介した。ここでは、『死刑I』の数多い引用のなかに含まれているユゴーの言葉から始めたい。彼は、あらゆる面で死刑廃止が追い風を受けているとして、次のように述べている。「理性はわれわれに味方し、感情はわれわれに味方し、経験もまたわれわれに味方する[16]」。さらに、死刑廃止の主張に理があることを強調するために、死刑は犯罪を抑制するための有効性を発揮できないこと、抑止という観点からはその刑罰がむしろ有害とさえ言えることを付け加えている。「死刑が廃止されている近代的な国家では、重罪の数は年ごとに漸減している」。彼の闘いは、野蛮に対する文明の闘いであった。すでに見たように、彼は、フランスにふさわしい文明を開始するために、憲法の冒頭に人命の不可侵性を、すなわち死刑廃止を書き込むべきだと主張していた。また、血で血を洗う「同害法」という太古からの発想を捨てなければならないことも訴えていた。「野性的な刑罰のこの名残に対して、古い知性のこの同害法に対して、血には血をというこの法に対して、私は一生をかけて闘ってきました」（159-160/148）。

　これに対して、カントはどのような主張を展開しているのだろうか。『死刑I』は、この哲学者の

ベッカリーアを見るかぎり、結論と前提とが、人間性とは何かという共通の論点に根ざしているにもかかわらず、共有されるのはわずかであり、「啓蒙」という縦糸が緩められるとき、たちどころに対立が先鋭化するように思われる。[252/238]

（強調は引用者）（180/168）

（一）〔ベッカリーア〕は、死刑の必要性について認めうる最も純粋な倫理的・合理的-合理的に承認されうるための-理由が死刑廃止論のうちにあると考えたが、他方では、死刑世紀以降、その対立において、刑法の近代的批判が死刑をめぐって展開されているのは、同害法（jus talionis）が生き続けていることの後遺的な証拠だろう。まさにベッカリーア以下に引用しておこう。

むしろ補足が何度も予告されている。読解を何度も予告しているのは、ベッカリーアへと早くも第五講に入るまでに人へと遡り、また引用しているが、括弧において重要性が何度も低下しているのであって、括弧づけの予告それ自体は比較的

すべてが死刑廃止の味方であるというユゴーの論点のひとつひとつを転覆させるような仕方でカント が死刑の必要性を説いたという見解、その見解をデリダが示していることは、先の引用からも推測 できるだろう。そして、ユゴーが——「血には血を」という表現でもって——野性的な時代の名残と 位置づける同害法も、大きく異なった解釈を受けていることを銘記しなければならない。カントに おいて、同害法はけっして報復、ましてや復讐の法ではない。同害法が死刑という致死を要請する ため、確かに流血の事態が完全には排除されるわけではない。だが、カントにおけるその法は、一切の 情念ぬきの、利害計算ぬきの法、厳密な等価性にもとづく法として、死刑の公正を保証する根拠として 機能するのである。

　人命の不可侵性という論拠も、カントの前では妥当性を失ってしまう。生に執着しているホモ・ ファエノメノン（現象的人間）は理性的存在にふさわしいとは言えない。ホモ・ファエノメノンは、 ホモ・ヌーメノン（仮想的人間）へと乗り越えられなければならない。死刑は人命を奪うが、単に 命を奪うことを目的としているのではない。法に反して殺人を犯した場合、法で定められた死刑の 執行を受けて初めて、殺人犯は本来めざすべき仮想的存在、ホモ・ヌーメノンとなることができる。 デリダは、この文脈に即して直接に「救済」という語を用いてはいないが、彼が古代ギリシアの死刑 をめぐって言及した「夜間会議」のもつ「救済論的機能」(31/27) を、あるいはその遠い相続形態を、 そこに見ているとは言えよう。

　「ご存じでしょう、死刑は人間に固有なものなのです」。夜明け前にやって来て、執行の宣告のごとく かく告げる「誰か」は、次第にカントの相貌を帯びてくるのではないだろうか。彼にとって、死刑は妥協

けるこの感情は、純粋に死に対する恐怖であるというよりも、むしろ「同情」や「思いやり」といった、非利己的な感情でもありうる。しかし、そのような感情が生

味方からそれを擁護するのである。「この権利は、」と彼は書いている。「定言命法の原則から…生じるのでなく、また死刑廃止という理想の観点からでもなく、」[183/172] 保証するのが法の役割なのだ。[184-185/172] ミルがカントに対して批判するのは、「定言命法」という理解しにくい「理論」である。「カントによって提起される理論。」[185/172]

次に、命の不可侵性を唱える議論があるが、これも不十分なものとして退けられる。「死刑が、生命の不可侵性を唱える議論にとって最大の障害となっているということは、驚くにはあたらない。というのも、人間の命が絶対的に不可侵であるとすれば、死刑はいかなる場合でも許容されないことになるからだ。」死刑は、人間の命の不可侵性という理論にとって、核心的な論点なのである。「死刑は、人間の命の不可侵性を唱える議論の中核にある。」[170/157] ベッカリーアが唱える哲学的伝統において、カントに属するそのような哲学的議論が、死刑の体系を成立させ

るのである。「死刑は、必要悪である。」死刑に反対して議論を唱える哲学者たちが、ベッカリーアのような死刑廃止論を唱えるのに対し、カントはその反対に死刑を擁護する体系を成立させる

150

無感覚、そしてデリダが随所でその存在を暴きだす「麻酔」が必要である。それらは、死に対する恐れを鎮め、「生の彼方に生き‐延びる正義に達することができることの条件、純粋な、可知的な、超現象的な正義に達することができることの条件」（370/350）となる。よって、カントの立場から、刑のあり方をめぐって感情の動向が考慮されることはない。最後に、ユゴーが掲げる「経験」、定言命法の次元に立つ法は「生への経験的執着」（180, n. 2/xvii）、すなわち仮言命法の次元を去るよう勧告する。法の実効性も問題としてはならず、法のあり方を左右してはならないほど、経験的秩序への関心を捨てなければならない。

　法権利の冷徹さ。ある箇所で、デリダは判決の言説や手続き、死刑執行の儀式などに感じられる「凍りついた非‐可感性という効果、死骸のような冷たさもしくは rigor mortis〔死後硬直〕のような厳格さという効果」（82/74）に言及している。それは、目隠しをして天秤と剣を掲げる女神という（法権利としての）正義の寓意にも通じるだろう。とはいえ、個別的利害を排し、情念を排し、個人的・集団的関係性を排し、状況的な諸作用を排して普遍的な合理性を確保すること、それは主権者、そして国家的合理性に不可欠な性格であることも否定できない。その欠如はときにきわめて不幸かつ不公平な結果をもたらすことになる。デリダは次のような例をあげている。一九八六年において同じ重大な罪を犯した場合、アメリカのフロリダ、テキサス、ジョージア、カリフォルニアに住む黒人男性が死刑判決を受ける可能性は同じ州に住む白人女性の十倍にのぼるという例である（90/82）。不可逆的な、取り返しのつかない刑罰をめぐる、赦しがたい不公平。十九世紀のフランスで、ユゴーも死刑をめぐる不公平について語っていた。それは、利害が絡んだ死刑廃止の決定についてであった。

の。死刑を立法の場で（の）、その法的な必然があるように、「生」の問題だ。「生」のための生へのインタ——レストが自然に蘇える。それは自分の救済を計算することである。「自分において罪を計算の、人間の、自然的原則として指摘することになる。

動物は法権利の回帰のなかにある。「生」のための生へのインタ——レストが自然に蘇える。それは自分の救済を計算することである。死刑廃止論は、このように表現しているよう——私は黙殺するというのである。その詩人は米国に知られている詩人である。そのような詩人の見解をわれわれが知ったのはこの自然的な背後にあるということが知れたということである。

(188/175)「あるうこは失われ自己的なものである。その決定をあらかじめ自己的な詩を四名に死刑免除されるということは、大臣に」という反対を受ける形で自然的な救済である。「生」

(187/174)「あるうれて自己的なものである。死刑廃止論者のよって主張された自己的なものである。その理由を述べるにあたって自然的な背後にあるということが知れた、この点に重に有罪に問われたという主張

死刑廃止論者のよって、死刑の退行し支配する和己的な第一に」皮肉なこととして、それが動心が自然的な背後にあることが、大義が実現されなかったことをとして「自己的な生命権」に重に有罪に問われたという主張

(290/274)「大臣「ジ」という四名が死刑免除されるという形で、死刑廃止に値する男が通常のなかから、四人の大義が実現されなかったため、死刑廃止に値する罪を、この点に、この「エ」と唱える夢を

上流階級「ブ」という四名が死刑免除されるという形で、死刑廃止に値する男が通常のなかから、直前まで死刑廃止に値する罪を、この「エ」と唱える罪を、狂気した犯罪、上流階級「ブ」という

それは捨てらるべきである。また、生くの関心を含んだ一切の経験的事象く、利害関心も捨てらるべきである。これにで、デリダがカント的なタイプの死刑論の、そして刑法論の、中核と見なす主張だと言えるだろう。

利己的な利害は捨てらるべきである。一定の無関心、一定の無感覚は法の公平な行使のために必要である。哲学者はそう考え、文学者はそう考え、詩人もそう考える。しかし、そこには程度、または過度という尺度が介入する余地はないのだろうか。カントの定言命法は、それを認めてはいない。

その点を、法律家はどう考えるのか。デリダは、アレクシ・フィロネンコがフランス語に訳した『人倫の形而上学 法論の形而上学的定礎[17]』を参照している。デリダが言及することはないが、翻訳者による序文の前に付された、パリ大学法学部教授ミッシェル・ヴィレによる「まえがき」にひと言触れておきたい。法学の歴史のなかにカントの法論を位置づけたその文章は、まずカントによるローマ法の恣意的な活用を批判することから始まる。そして、カントの法論は、「自然科学と触れあうことのない多分に孤立した学であり、[……]政治と経済から分離された学である[18]」と断じ、「まったくカントは現実から遠くに位置している[19]」と嘆く。カントに従った場合、法律家は公正や具体的状況には目もくれずに法文の遵守を強いられることになる。そのような状態で法律家本来の使命を遂行することは、不可能だという。法権利は、「道徳の憲兵[20]」ではなく「より謙虚に、訴訟人たちの利害を分配すること」を使命としている。しかし、その「法の目的そのものはカントの諸範疇に受け付容れられることはない[21]」のであって、「今日のわれわれのすべての努力は、この〔カントの法論という〕覆いからみずからを解放することである[22]」。一法律家の見解に過ぎないにせよ、定言命法とはかなり異なった法律観が示されている

刑法の緻密な装置をいくら忠実に露呈したところで、死刑が存在しなければならないという刑法論を構成することはできない。仮に、死刑を定言命法の中から導き出すことができたとしても、それは後者の普遍化されたものにすぎず、それ自体のための条件ではなく、法論を構成する礎石ではない。カントの立論は隠された前提に依存しており、それは不可能であるから、ホ・エーメンのような計算の要因としての殺害の等価性という死刑の可能性がある。密かな要石としての刑法の「腐った計算」だったのであろうか。

（強調は引用者）

現象としての定言命法は、政治的な合目的性のあらゆる外的・内的要因において、経験的な合目的性、つまり殺すことの絶対的な利益の計算としての内的計算において、過失に入れられることはない。純粋な定言命法としての死刑の合目的性、その定言命法の社会的・仮言的な合目的性、刑法的定言命法の合目的性である。　(182/169)

を終えるにいたった。

「……」がカントの法論をきわめるためにふまえるべき数ある議論のなかのもののなかから、以下のものを引用しつつ、刑法の第一節の

四　定言命法の「恥部」

Was ist Aufklärung？「啓蒙とは何か。」と、カントの口吻をなぞりながらデリダは問う（252/238）。啓蒙は、強力な死刑廃止論と同時に、それに劣らず強力な死刑擁護論を生み、両者は言論を二つに分割し、競合する二つの言説、二つの大いなる公理系を作りだしていった。一方は「楽観主義的な文体で、人命のもつ無時効的な生命権」（171/159）を布告し、他方は「カントの法哲学やヘーゲル哲学の論理的中核のような、死刑に賛成するすべての大いなる法哲学の議論の中核、古典的哲学素」（170/157）を再現していった。二つの潮流は、少なくとも「世界人権宣言」が発せられ、かつブランショが「死への権利としての文学」を主張した『火の取り分』を発表した一九四八年まで確認できるとデリダは言う。

『死刑Ⅰ』において「歴史」という語はとても頻繁に用いられ、具体的な歴史も頻繁に言及されている。本稿にも、ある歴史的視点を導入する必要があるだろう。啓蒙の時代、新たな思想の数々を生んだ、そう呼ばれる時代の存在は広く認められている。その半面、啓蒙そのもの──そのようなものがありうるとして──は実現されたのだろうか。死刑を通じて「啓蒙とは何か。」という問いを考えなおす必要性に言及する箇所で、デリダはカントによる次の言葉を、原語で喚起している。その日本語訳は次のようになる。

「私はいま啓蒙によって照らしだされた時代（aufgeklärten Zeitalter）にいるのか、と問われたなら

存置国をあくまで賛美しているのであろうか。

に皆与えてあるべく容認しているのだから。一方、死刑存置者たちは、即時の死刑廃止を要求するがゆえに、絶対的な——「無時効的な（imprescriptible）」——「生命権」（171/159）——刑罰廃止論に到来する死刑廃止の見通しにおいて、死刑に処せられた生命を見ないではいられないが、絶対的な権利であるために、どのような譲歩も許さないのである。死刑廃止論は不要であるにもかかわらず、各国の同意を求めるかのように、世界平和への期待が何度も繰り返し描かれるのであって、他方でそれは結果的に死刑廃止の言説に帰結する。譲歩の果てに踏み切るのだとしても、生命権を告発している（hypocrisie）「偽善」として。

啓蒙は形而上学の光のもとに、まさに啓蒙の時代［歴史的な意味での］（Zeitalter der Aufklärung「啓蒙の時代」）〔252/238〕。

啓蒙伝播の途上。それは、人間という存在者がホモ・ファエメンンからホモ・ヌーメンンへと至る歴史とおおむね重なるだろう。だが、その歴史は単線的ではない。むしろ、人間の本質と目的（telos）とのあいだの双方向的な、あるいは円環状の運動がそこにあるように思われる。人間は、自分の本質であるホモ・ヌーメンンから発して、ホモ・ファエメンンを脱して、当の本質＝目的であるホモ・ヌーメンンに到達しなければならないという円環。つねにすでにそうであったはずのものに到達すべく務めるという要請。この要請は──明示的であるかどうかは別にして──カントを超えて、哲学を超えて、随所に働いている。人間の一員としての哲学者も、この運動のなかにあるとした場合、彼は理性なるものに対してどこに位置するのか。『純粋理性批判』にある次の発言を参考にしてみよう。カント曰く、まず哲学について。理性にもとづく学のうちで学べるのは数学だけであり、けっして──どこにおいてもその完成態において具体的に存在するものなら──哲学は学ぶことができない。「理性にかんしては、ひとはせいぜいのところただ哲学することを学びうるのみである*23」。次に哲学者について。「こうした観点においては、哲学は、すべての認識が人間理性の本質的諸目的に対してもつ関係についての学問（teleologia rationis humanæ〔人間理性の目的論〕）であり、哲学者は理性の技術者ではなく、人間理性の立法者である」（強調は引用者）。だが、人ができるのはせいぜい哲学することだけだと認めた場合、あたかも哲学を極めたかのように「哲学者」を自称することはできるのだろうか。この問いを予期していたかのようにカントは続ける。「その意味において、自分自身を哲学者と呼び、理念のうちにのみある原型に等しくなったと僭称することは、はなはだしいうぬぼれであろう」。「哲学者」とは、哲学を修めた者の名だとした場合、いまだ理念においてしか存在しない哲学を修めた者もまた、観念においてしか存在

てきたによってコマンドするものである。

であった。命令する者である弁者はそのようなわけで、その法はそれはそのようなわけで、立法者者は引用した。「神」に段して、致している。彼は『政治神この種の構造で、ここに第三章の冒頭に記されたことが終始これが問題にのぼりつづけるのだ。

彼は明示的な権威を認めた。人倫の形而上学『定言命法」についての特権的な地位を占めるそれを彼自身の理性によって語られるわれわれ自身の自発的な地位を占めるその権威をめぐって、同時にその拘束的な地位かくしてその拘束性に従われ彼自身の拘束的な位置かくしてその拘束的な位置かくして〈行為的な拘束性〉を語るカント彼は立法的行為のみだが、立法者はそのような法の真理の発話の神的な真理は何の

〈定言命法」が生きた法は〈表現されるといえる最高の立法者であるそれは〉についてわれわれはわれわれ自身の権利性われわれ自身の自発的なそれについてわれわれ自身の自発的なすなわち〈義務づけるアプリオリに〉義務づけられる者にとって拘束的であるそれがそのような法の〈無条件の意志〉法にかかる拘束性をに法による拘束性を

を創始した者が起草した者が「定言命法」(命令)である。だが、立法者はただ実際の経験的な〈事実的な〈事実的な法〉でありそれが先立つ立法定言的な先立つ所属によるによる法による拘束を免れる拘束を免れるによる神的な拘束性

立法者 (legislator) は法を制定するのだろうか。それは「人倫の形而上学」における記述を見ないで実際に誤読するだろう。というのも、実際にある者はであるならば、コマンドする者がである。ここで「人間の理性の立法者」を「人間の理性の立法者」を

あるいは、「法」(Gesetz) (道徳的な) かコマンドする者 (imperans) が「法」立法者 (legislator) は立法的な実践的な
道徳的・実践的な

言葉をみごとに裏付けるものである。「近代的な国家論の含蓄ある概念はすべて世俗化された神学的概念である。このことが真であるのは、それらの概念が——たとえば全能の神が万能の立法者になったように——神学から国家論へと移されたという歴史的展開ゆえのみというにはとどまらない［……］」(134/123)。

立法者の特権的な代弁者にして伝達者であるカント。彼は〈われわれ自身の理性による自発的な拘束性〉をどのように伝えているのか、何が拘束性をもつのか。以下が最後の問いへの答えである。「何が拘束性をもつかだけをもっぱら言明する定言命法は〈同時に普遍的な法則として妥当しうる格率に従って行為せよ〉である*25」。この「理性の定言命法*26」は、そのもとで自由な行為を保証するものと位置づけられている。他方でカントは、「刑罰の法は定言命法である*27」とも述べている。そして、別の箇所では「刑罰の正義の定言命法（法に反して他の人を殺害すれば、死刑に処されなければならない）*28」としている。この点は大いに重視すべきではないだろうか。死刑は、経験的な、実定的な、歴史的な権利に書き込まれた刑罰ではない。それはカントのいう意味での立法者の意志であり、われわれは自身の理性によってアプリオリかつ無条件にそれに拘束されることになる。そしてすでに無条件とされるその拘束性は、罪と罰の、殺害と死刑の等価性を確信した拘束性なのである。

殺害は死刑によって罰せられるというこの拘束性、そして殺害と死刑の等価性にもとづく同害法。両者の中心性を衝撃的なかたちで示すのが、ある例外的な状況である。定言命法が経験的状況などに左右されないことを強調するためだろうか、カントは「市民社会がその全成員の合意によって解体される」という場面を想像している。

せよ。刑法の次元における人格について驚くべきは、ある市民社会がそれ自身のすべての成員の合意によって解体する場合でも（たとえば、ある島に住む人民が解散して世界中に散らばろうと決議する場合でも）、最後に監獄にいる殺人犯はあらかじめ処刑されなければならない、ということである。それは、各人がその行為に値することを受けるためであり、また殺人の罪が人民に付着して残らないためである。なぜなら、そうしなければ人民はこの公的な正義の侵害に加担する共犯者と見なされうるからである。——（367/347）

刑罰の正義と部分的に法言語を援用する刑法の正義についてのみ語るべきである。「人間の国家体制のなかで……刑法が存在するのと同じように「人間の尊厳」が存在するのである。」（II, 185）。刑法の経験的な合理性が論じられる際には、正義の観念をたえず引用する。

しかし彼が人を殺したのであれば、彼は死ななければならない (Hat er aber gemordet, so muss er sterben)。死刑は正義を満足させるための代替物 (Surrogat) ではない。死刑以外の刑罰による死は、犯罪と同質性 (Gleichartigkeit) をもたず、犯罪と同等性 (Gleichheit) をもたない。

160

刑法が国家制度もしくは市民社会の理念と不可分なほど必要とされるのは、それがそのような制度や社会の成立に寄与し、可能にするからではないのか。『死刑Ⅱ』において、ことさらに引用せずに共同体の離散と最後の殺人者の処刑という「かじょうかしているアイクション」(Ⅱ, 142) を紹介したあと、彼は続けて言う。「それは、つまりその共同体は、みずからの将来のためにみずからを守ったり計算したりするいかなる利害もないでしょう。というのも、その共同体にとって、歴史の終わりであり、社会としての生の終わりだからです」。そこで勧告されている処刑、すなわち刑法の最後の施行は、市民社会を維持するために何の役にも立たない。それは刑法の自己遂行以外には何の目的もない行為であり、アプリオリに根拠づけられた普遍的な法くの適合性、司法権力の観念くの適合性以外のなにものでもない。デリダは「これこそ、生くの利害を超越する (s'élève) 正義の、社会的な、集団的な例なのです」(Ⅱ, 143) としている。

　本稿の引用には含めなかった部分で、「正義が没してしまえば地上に人間が生きていることにはもはやいかなる価値もない」(368/348) と言い切るカント。だが、共同体の離散と最後の殺人者の処刑という例は、人間的生に価値を与えるために正義と法権利があるのか、あるいはその逆なのかという問いを惹起する。人間の地上的生の価値をめぐる発言のしまえ、カントは「人間は、他の者のたくなる手段として扱われること […] はけっしてありえない」という主張を述べていた。だが、離散する島の例は、自己の目的を貫徹するいとしか眼中にない「刑罰の正義の定言命法」が、終わりに瀕した共同体を、ということは人間を、まるで手段として用いているようではないか。私は、そのような不気味な印象を払拭するいとができない。

引用の冒頭部分は、ベンヤミンの語った解釈という用語の焦点が、失礼のメッセージが、合理的〔な〕象徴的でしてそれは「非人称的計算」(II, 143) である。「計算不可能な」徴標なのであって、計算可能な計算の欲動的な復讐の計算に従わず、そこから免れている尊敬 (Würde) や名誉 (Ehre) といった尊敬的・尊敬的霊的原理にもとづくのである。「参照」(203/189) をみよ。

「jus talionis」は原則として「同害法」(en droit) である。同害法からその復讐は、権利上の仕返しにすぎない。「復讐」「仕返し」「報復」「等価」(同害) Gleichheit や「jus talionis (同害法)」を語るとき、〔同害法の〕その意味を理解されたかぎりにおいて、それらは「復讐」「仕返し」「報復」の意味を「報復」的理解するかぎりにおいて、同害法は一般に Wiedervergeltung (報復)、Retaliation (II, 144)、retaliation という英語はいわば、相似する語であるが、それらはわれわれにとってすべてのものが、それが適切な方向に導かれるなら、〔同害法は〕方向を

役割としてンヤミンの語の焦点がベンヤミンの組織されたニュアンスにおいて欠如しているのであって、それはニュアンスにすぎない。即ち「〔……〕」(II, 144)。

他の訳において「殺す」(jus talionis) 死に至らしめる 区別される「殺害する」という語に近い。彼が用いているのは、assassiner というフランス語の モルダン mordern (der Todes sterben) 彼は近代の訳改訂版では近代の罰則規則の第六戒の実際にはこれらの罰則の内容であるのだが、(Du sollst nicht töten... der 即ち「汝、殺すなかれ」この訳は、

先の掟の掟にもとづく。「Hat er aber gemordet, so muss er sterben.」（だがもし彼が殺害したのであれば、彼は死ななければならない）先の決定的な法的な、死ぬのであれば彼は死ななければならない

(Acht) というのだように、人格をして手段ではなく目的とするような「一切」だという。その原則に立ってカントが導入するのが、ある「純粋な等価性」である。その等価性こそ「絶対的な犯罪（homicidium dolosum〔謀意のある殺人〕）」と、故殺者が犠牲者から奪った生を当人から奪う極刑との等価性」（203/189）にほかならない。

　以上から、「刑罰の正義の定言命法」において、同書法のカント的な意味と、同書法の構成要素である等価性と非人称性の重要性がほぼ確認できたのではないだろうか。等価性と非人称性は、カントの法論に不可欠である。裏返すと、両者の無効性が明らかになったり、カントの語る言説の背後にその言説とは相容れぬ実態が見いだされたりした場合、カントの法論、そして死刑論は破綻に瀕しかねない。そのような見通しに立って、デリダが以下のような問いを立てることは予測できるだろう。「利害なき利害、理性の没利害的な利害」（253/239）を語る定言命法の背後には何があるのか。「計算から逃れてしまうものの合理的にして非人称的な計算」の背後には何があるのか、という問いである。

　この問いに答える努力は『死刑I』をはるかに食み出し、翌年の『死刑II』まで続いている。初年度のセミネールでは、もっぱらニーチェの『道徳の系譜』の第二論文と第三論文の歩みにつきそって、「われわれの内的世界の「恥部」」（215/201）、すなわち「つつましく隠された否認された利害」の発見が試みられていた。紙幅も尽き、デリダによるニーチェ読解は本稿の使命から外れてもいるので、その「法権利の、処罰法の考古学」（216/202）を報告することはできない。ただ、「この世界は血と拷問のなんらかの臭いを一度として完全には失ったことがない〔……〕。（かの年老いたカントにおいてさえそうである。定言命法は残酷さの臭いがする……）」（230/215）と語るニーチェの手にかかって、定言命法が普遍的に

しまうものだ。等価性のこの一般性を、ニーチェは、それは兼条件の普遍的な信頼を見いだすという、計算可能性をつくりだすような、あらゆる法的な普遍性を超える権利であり、商法の一般的条件の正義、約束の正義と刑罰の正義を喚起しつつ、「刑法」

ニーチェが Kauf, Verkauf, Tausch, Handel und Wandel [購入、販売、交換、商取引] (218-219/204)。カントが「信用論」が経験的な商法「信用」に由来するように、「刑法」は商業的な等価性から考えられるのではないか。彼の言うところでは、その帰結として、信用に基づく商取引の結果として、デリダのいう「狂気」の差異はない。それは市場の、あるいは刑罰が存在するのではないか。「犯罪と刑罰が存在するのではないか。(216/201)

ニーチェは、「死」「刑」の未来放棄は、同様に刑罰の定言命令について処罰を提案する。一般的に、精神的な新たな光のもとで差し戻されるのではないか。

例えば経済活動が他者との等価性について、同様に道路市民社会からの永久追放である。彼らは最初に、『人倫の形而上学』刊行直後に彼が

もまた、計算に左右されぬ正義をめざしていたはずであった。しかし、同害法の等価性という計算は、まだ——ニーチェ・デリダによれば——経験的な交換や利害計算に動機づけられていたことになるのである。

　カントからニーチェにいたる歴史（histoire）で語られた人間の物語（histoire）。思想史的に見た場合、チャールズ・ダーウィンとその進化論が両者のあいだを通ったことを見逃すことはできない。カントが語る人間の歴史=物語では、すでにホモ・ヌーメンであるはずの人間が、ホモ・フェノメンを脱して、自分が本来そうであるところのホモ・ヌーメンをめざす。そこにおいて、法は、権利のみをもち義務をもたぬ者から発せられていた。いたずらにその起源を詮索することは戒められてさえいたのである。それに対して、ニーチェの歴史=物語は、まったく別の出発点をもっている。「ニーチェの出発点は、人間のなかの獣を切り離そうというよりも、忘れないというところに存しています」（212/198　強調は引用者）とデリダはいう。法権利の起源は神的な命法ではなく、むしろ暴力的な、苦しみを与える学習や調教というかたちをとった記憶術にほかならない。「先史時代の動物的 - 人間的な生の運動の数々にまでさかのぼる、法権利と刑法の系譜」（212/197）。そこにおいて、死刑は「人間に固有なもの」という性格、そして尊厳を回復すべき人間が処せられる刑罰という位置づけを失う。ニーチェを代弁しつつデリダは述べる。「くり返しますが、死刑に独自性はありません。それは拷問における一段階としての、残忍さにおける一戦略としての致死であって、それはいわば法的ではないしかたで解釈されることを要求しています」。死刑は、法権利全体を凝縮した要石ではなく、法権利でさえない。

脱構築を縦横に付けているかもしれないが、デリダのこの口ぶりは、カールの論文に託せるかもしれない。

支配の前提における新たな切り口を提供する行為なのだった。

死点において、このものはしかし、デリダにおけるような単なる計算可能な死であるとも言えるのか。〈人間＝動物〉の絶対可能性である「死」、「私の死」、「人間固有の死」。「死」に対する全能性なのか、その不可能性の両者が直面し、死に対する人間の幻想である。(300/284)

死という時点において。新たに『刑法I』における哲学的言説がそのセ年間自然と身から語られるように、その種利以前の法権利自体の「法」であり、別々な語られた歴史、その物語＝動物の導入に就いてデリダに委ねられたのであり、〈獣と主権者〉[*29]における脱構築の展開する試論を課せられるであろう。ハイデガーの法論を示唆するものであるが、その元に導くデリダの試みかもしれない。精神分析を読解する精神分析の展開における展開にあたって、デリダの脱構築「死刑者」(327/311)が登場する。

死刑という死に対する人間的な死、動物的な致死以前の、カント的人間、伝統的な定言命法の真価が残された遺物としての人間的残酷から残された遺物につながれた動物＝人間の哲学的な人間の

最後となる地平に立って身を先史する先以前の歴史、その種利和自体の「法」における脱構築された先史の歴史、その種利和以前の法

脱構築された先史の歴史、その種利和以前の法権利自体の「法」であり、別々な語られた歴史、その物語＝動物の導入に就いて。それは別々なものであろう。その種利以前の法権利自体の「法」。それは先史の歴史その物語＝動物の導入に就いて、動物＝人間の哲学的人間の

黙されたカントのであり、そのカント的人間、伝統的な定言命法の真価が残された遺物としての人間的残酷から残された遺物につながれた動物＝人間の哲学的人間の

脱構築された先史の歴史、その種利和以前の法権利自体の「法」。(315/299)という問題がある。「私の哲学的人間の

だが、脱構築はどのような道を歩もうとしているのだろうか。理性を語る哲学的言説の下に不条理な信を暴き、ホモ・サピエンスの下に「人間という動物」（Menschen-Tiere）を暴きだすとき、哲学の脱構築を当初の使命とし、哲学者を仮想的な論敵とする——極度に鋭利で洗練された——脱構築的言説は、どのような語り口を選べばよいのか。死の決定可能性という幻影、無限化の夢、神や宗教をめぐる信……。幻想が広がり、幻影が跋扈（ばっこ）する。幻想性や幻影性を示し、矛盾を指摘したとしても、それらが消え去るわけではない。カント・タイプの死刑論も、ユゴー・タイプの廃止論も、その幻想や幻影の供給によって絶え間なく賦活（ふかつ）されている。

　死刑の絶対的な廃止はいつやってくるのだろうか。デリダの「予告」があるとするならば、それは次のようなものとなるかもしれない。「「神」が、神への信が、ただ単なる信があるかぎりは、死刑支持者にとっても、それに異論を申し立てる廃止論者にとっても、未来があるだろう」（355/331）。

第5章　ダイモーンを黙らせないために
——デリダにおける「アリバイなき」死刑論の探求

郷原佳以

> 「大いに共感を抱いてはいるが、死刑廃止論の言説は、現状では脱構築可能である。」
> 「脱構築とは〔……〕もしかすると〔……〕死刑の脱構築であるのかもしれない。」
> （『死刑Ⅰ』）

一　「死刑論の脱構築」とは何か

　デリダが死刑の問題を論じたのは、社会科学高等研究院で続けられていたセミネールの一九九九年度（講義録『死刑Ⅰ』）および二〇〇〇年度（講義録『死刑Ⅱ』）においてである。本稿では、『死刑Ⅰ』を主たるテクストとしながら、二巻の講義録を俯瞰的に眺めたときに見えてくるものを示し、『死刑Ⅰ』と『死刑Ⅱ』のいわば橋渡しの役を果たせればと思う。『死刑Ⅰ』の編者序文でも指摘されているように (14/11-12)*1、『死刑Ⅰ』と『死刑Ⅱ』は連続した議論でありつつも、扱うコーパスや領野はあえて分けられており、通読および比較検討によって見えてくる問題関心や戦略は存在すると思われる。

（カ）反論したとはいえ、
本来的・体系的な哲学の言説における
哲学である限りにおいて［en tant que tel］、
哲学的な言説そのもの［en tant que telle］として、
与えられる［donnée］哲学的な言説、すなわち
西洋哲学史において、哲学者たち自身によって
固有の厳密に哲学的な意味深長さにおいて、
かかわる哲学的な言説として、その言説に
すなわち、私が以前、『エクリ』の〔supphante〕
として、それが哲学者自身から発せられる
〔supphante〕ものだからだ。死刑の正統性に

　存在は確かなのだ。この〔西洋〕哲学史のなかで、古代から現代に至るまで、哲学の可能性の地平にあって、つねにその最初の幕開けに述べられ、誤解も恐れずにいえば、全体としてこの〔西洋〕哲学史において言表されるにいたったこのテーゼ、すなわち死刑に賛成するというテーゼは、哲学者たちにおいて本来的・体系的であるという「事実」を、厳密に哲学的な意味深長さにおいて、デリダは同時期の『死刑 I』と『死刑 II』の問いにかけて、この幕開けに述べられ、その哲学史的な対話のなかで、哲学者たちによって言表されてきたこの哲学的な「事実」を確認している。死刑論は必然的に哲学的なものであり、哲学史的な対話のなかで言表されるこの死刑論は、哲学者たちによって本来的・体系的に言表されているという「事実」を確認している。そのことを、デリダは『死刑 II』の「始まりの前」の「夜明け」(23/19, 57/51)、『死刑 II』の「始まりの前」の「夜明け」(II, 325) 閉幕*2 の年度で再び開かれた*3 次の年度で再び開かれた*4 デリダは『死刑 I』と『死刑 II』の「始まりの前」の「夜明け」で何度も強調している。それは全体として強調

170

は起伏や良心の呵責なしにではないとしても（ルソー）、死刑に賛成する立場を取ってきた。[*5]

同様の主張は、『死刑Ⅰ』では第一回講義の原稿の余白に「（死刑に反対する哲学はない）」（43/v）という簡潔なメモ書きとして見られるだけだが、『死刑Ⅱ』では第一回の冒頭から前景化しており、その後繰り返し強調されることになる。

［……］かつて一度も、まるで一度も、いかなるそのものとしての〔en tant que tel〕哲学的言説も、その本来的に哲学的な弁論において、一度も死刑の原理――原理〔principe〕とはっきり言っておく――に反論したことはないという、奇妙で驚くべき、そして呆然とさせる〔interloquant〕事実〔fait〕私たちはこの事実にまったくもって呆然とさせられているのだが〔interloqués〕、ここから私たちに与えられるのは、次の問いに取り組むことの困難さと使命である。すなわち、死刑の原理に反対することはできるのか、あるいは、死刑の原理に、経験論的な機会の考察や相対調的な功利性や蓋然的な実践的必要性の考察ではなく、何らかの無条件な原理と呼ばれるものを対立させることはできるのか？（II, 20）

同じ第一回講義の先の方では、さらに次のように述べられている。

今年度もその論理にやがて立ち戻るつもりだが、それはやはり最初の驚きに着想を受けている。すなわち、いったいなぜ、いかなるそのものとしての〔comme tel〕哲学者も、いかなるそのものと

発言においてあからさまにするのはいつも私自身の身体に関してである。「まさにこのデカルト的な、あるいは西洋哲学史に属する哲学者の名において——ギリシャから今日にいたるまで、そして死刑廃止論において、死刑廃止論にもかかわらず、いかなる哲学者も、哲学者である限りにおいて、哲学者としての身分（自分自身を哲学者であると称する限りにおいて）、[……]

死刑に原理的に[par principe]反論することはできなかった」(II, 49)。

死刑の哲学的体系あるいは死刑廃止論を体系的に正当化する哲学的理由があるとしても、原理的[par principe]に死刑に反論するとしても、死刑に反論するのは原理的な理由からではなく、有用性による[par utilité]ものなのである

誤りかもしれず、非を認めて公式に謝罪しなければならなくなる日が来るかもしれないが〔その ときにはよろこんで受け入れよう〕、あえて私は言うだろう、プラトンから〈イデガーまで、大哲学 者の側からも、動物のと言われる問い、そして動物と人間の限界の問いに、哲学的に、そのものと してじ〔philosophiquement, en tant que tel〕取り組む誰の側からも、あの一般性を表す単数形、動物なるも の〔l'animal〕に対する原理的な抗議を、とりわけ理路整然とした抗議を、私はたえて認めたことが ない。性が原理的に差異化されていない——あるいは、去勢ではなくとも中性化された——一 般的単数形でひとつの動物を呼ぶことに対する抗議についても同様である。このような空隙は、や がて見るように、あるいはその前提を、あるいはその帰結をなす他の多くの空隙と切り離せない。 この哲学的ないし形而上学的な基礎条件を哲学的に変更することは、たえて求められたことがない。 私ははっきり「哲学的」——あるいは形而上学的——と言う、というのも、私にはこの身振りが 哲学そのものの、そのものとしての哲学素の構成要素である〔constitutif〕ように思われるからだ。 〔……〕彼らのあいだのあらゆる不同意にもかかわらず、それを通して、それを越えて、つねに 哲学者たちは、すべての哲学者は、この「動物」の限界は一にして不可分であると判断してきた のである。〔……〕哲学的権利はそのとき、「常識=共通感覚」の権利として表れる。平然と一般的 単数形で動物について語ることに対する、哲学的感覚と常識=共通感覚のこの合意は、おそらく おのれを人間と呼ぶ者たちの、もっとも大きな、もっとも症候的な愚かさ〔bêtises〕のひとつだろ う。*8

173

「存在し権威取得する主権によって死刑が基礎づけられるという事実は、十分に能に否定することのある「動物」によって、別の原因をしかるに人（二）に指摘する。

これはいかなることによる死刑論というのかという懸念が生じるであろう。「哲学発点の認識にある右記の引用の可能性があるだろうか。哲学の周囲に見てとれる条件は以上の次節で詳述する――。私たちはこの節で前記の「死刑」の主権者という概念が問題に置かれているのか――哲学者の主権者「デリダは何がいかに死刑を反対するものでのなのか、そののである、デリダは「動物論」と同じ問題に逆らうのも哲学の仮説的な道及び論理的な発言がうまくいくのか＝原理的な講演者（者）

「動物論」とは別に彼らのアプローチを可能にする動機であり、それを動物「哲学」からデリダの哲学の新たなアプローチを可能にする条件自体に見出す。そのうえで同時にデリダ自らが哲学者の名において長大な作業に取りかかる動物「哲学論」の人間中心主義的な脱構築を加えていく。自らがアプローチの行為にはロゴス中心主義における人間の哲学の枠組みを破り出しうるかという問題に明確に示されている五人の哲学者の哲学は、カント・ルソー・ヘーゲル・ハイデガー・レヴィナスの五人の哲学者の取り扱う

「死刑の原理に［……］何らかの無条件な原理と呼ばれるものを対立させることはできるのか」と原理的論拠による死刑廃止論の可能性を問うているが、しかし、ならば『死刑Ⅱ』を通してその構築が進められ、最終的に死刑廃止原理が提出されているかというと、哲学史の枠組みのなかでそれが行われているとは言い難い。むしろ、『死刑Ⅰ』を通して非哲学者による死刑廃止論の非原理性を暴いたうえで、『死刑Ⅱ』において哲学者の死刑存置原理論に挑み、全体として、あるパフォーマティヴィティを通してその脱構築を行っているのではないか、というのが私たちの仮説である。

*　　*　　*

　以上を確認したうえで、あえて単純化を怖れず、二巻を俯瞰的に見てそれぞれの特徴を指摘し、デリダの死刑論を全体として整理しておこう。まず、コーパスだが、ある程度主題的に扱われた固有名をほぼ言及順に挙げておくなら、『死刑Ⅰ』では、ソクラテス、ルソー、カント、ジュネ、バタイユ、ル・シュミット、ベッカリーア、ユゴー、フランショ、ボードレール、ニーチェ、ラカン、マルクス、カミュ、バンヴェニスト、モンテーニュであり、『死刑Ⅱ』では、バタイユ、ベッカリーア、バンヴェニスト、ベンヤミン、カント、フロイト、テオドール・ライク、カフカ、ジュネ、ハイデガー、ドン・コルテスとなる。『死刑Ⅰ』ではこの他に国連人権宣言等の公的宣言やキリスト教関係の文書が分析対象となった。以上のコーパスだけからして大雑把に言えることは、哲学以外には、『死刑Ⅰ』では相対的に文学の文献が多く、『死刑Ⅱ』では代わりに精神分析の文献が扱われたということである。しかし、『死刑Ⅰ』

第三講義以降を明確に主題としては「死刑Ⅱ」に残したと言うべきである。*9

そして次に、『死刑Ⅱ』における死刑廃止論の系譜の対象としての文学が、『死刑Ⅰ』における精神分析による死刑存続論批判に対する脱構築的位置を占める文学と同一であるかという点が問題となるわけだが、この精神分析における脱構築的位置に対する言及は、同書の前者への依拠の根拠のようなものを容易に想像させるとはいえ、両者が一致するという保証はない。

ニーチェにおける脱構築は、実のところその文学に対する脱構築的位置において死刑存続論を占めているからである。ニーチェは第五回講義において「死刑Ⅰ」では最終回講義となる第五回講義に至って死刑批判を巧妙にずらしながら死刑存続論へと論及する。カントの人倫の形而上学に反するロマン主義的な「文学」として、むしろニーチェ自身の美的判断力批判に直結する政治神学的な死刑論が展開される。その証拠に、宗教批判者としてのニーチェの政治神学的論及が、その美的判断力による「利害関心 [Interesse]」が「権力」に服従するという形で死刑論に反映されているのであり、これが結局カントの死刑論へと読み込まれる。第六回講義に至って、ニーチェの脱構築的位置は、実のところその文学に対する脱構築的位置において死刑存続論を占めているのである。背後に存在する者たちへの言及のないことは、『死刑Ⅰ』の言説全体のような死刑要

ものが『人倫の形而上学』の死刑論において検討される。とはいえ、政治神学の主題は最後まで一貫し

ており、『死刑Ⅱ』ではシュミット自身に加え、シュミットと同じ線上で二人の思想家が検討される。

一人はベンヤミンである。デリダは十年前の『法の力』での考察を再開するかのように、「暴力批判論」

から今度は死刑論を引き出す。再開するかのように、というのは、『法の力』においてデリダは「暴力

批判論」の読解から法措定的暴力と法維持的暴力の絡み合い（「差延的汚染」[10]）を指摘した上で、近代

法制度においてそのような二重の暴力が露呈する場として、ベンヤミンが挙げていた近代警察と死刑と

いう二つの場[11]のうち、近代警察の例を引いて注釈を加えていたのだが[12]、『死刑Ⅱ』ではそのうち死刑の

方を検討するからである[13]。そしてそこから導かれるのは、死刑とは刑罰の一形態であることを超えて

そのたびごとに新たな法を措定する最大の暴力であり、その意味で、法そのものを成り立たせている

暴力の実体化だ、ということである[14]。シュミット思想を引き継ぐもう一人の人物は、シュミットが繰り返し

参照したことで名を知られるスペインのカトリック極右思想家——カトリック教会は今日に至るまで

つねに死刑支持であり、対して福音主義のプロテスタントは死刑反対派が多い、というのはデリダが

死刑をキリスト教の核心に見出すひとつの根拠である（II, 328）——、ファン・ドノソ・コルテスで

ある[15]。コルテスはすでに十九世紀半ばに、シュミットやベンヤミンの議論に繋がる形で、死刑に反対

するならば法制度や国家そのものに反対することになると警告していた[16]。コルテスはまた、この法の

根源的暴力としての「流血の供犠」の必要性を説いた人物でもあった（II, 327–353）。『死刑Ⅰ』では

前述の第六回で、ニーチェのカント批判を通して、カントの支持する同害刑法の背後に、宗教の起源

である根拠をも「信用」、そしてそれを支えるものとしての「残酷さ」（悪の享楽のための悪）が見出され

死刑廃止について書物をひもとくとき、新刊の巻頭に展開される立場の付け加えについて連続して領域を展開しているのが排除分析からのアプローチである。精神分析からのアプローチが排除分析からのアプローチのうちに流れ込んでいるが、死刑存置論の原理的背景にある死刑廃止論の背後にある死刑廃止論が圧倒的に多い。『一』の末尾に言い換えれば、ドイツ語の死刑存置論の正当性を論証するための議論に終わっている。現実の死刑の正当性を論証するための議論に終わっている。

第一の点について言えば、死刑廃止論という死刑存置論の立場に立つ書物に比べるとき、死刑廃止論の文献は一般に死刑の歴史と共に蓄積されてきたことにもよるが、一般に読者のニーズに共通するところのデータの明確さとその論者のスタンスの多岐にわたるところによる。従来の死刑廃止論と見て差し支えない。従来の死刑廃止論とは論理として見て差し支えなければ、死刑廃止論として見て差し支えない。

第二に、異なる見方をするとき取り立てて加えられるべき新しい点があれば、という問題に従えば、従来の死刑廃止論と見て差し支えない。従来の死刑廃止論とは論理として見て差し支えなければ、死刑廃止論として見て差し支えない。死刑廃止という立場に立つことにある。

死刑廃止という立場に立つだけであり、死刑についてのおのおのの立場に立つだけである。書物をひもとくとき死刑について言えば、死刑廃止論という立場に立つだけで済まされるものではない。言い換えれば、死刑廃止論の議論は終わっている。現実の死刑の正当性を論証するための議論に終わっている。

死刑『II』『III』の末尾に言い換えれば、精神分析のアプローチからの功利的な要素をも必須の前提として「言い換えれば」、死刑存置論の多くは、死刑の欲動に「言い換えれば」、精神分析のアプローチからの功利的な要素をも含む死刑論を展開している一方で、死刑廃止論もまた死刑論の真のニーズに一致している。

このセミネールがどこに行くかはわからないが、次のように推定することができる。すなわち、いつの日か死刑の普遍的廃止が到来するとしても、その廃止からあらゆる死刑の実効的な終わりを結論づけるというのはつねに無駄なことでもあるだろうということである。それは、菜食主義者が現実的にであれ象徴的にであれ生きている肉を食べることを、さらにはあらゆる食人に参加することを実効的に控えていると信じるのと同じほど無駄なことである。［……］食人と食肉的食糧はつねに、人間の供犠＝犠牲の文字通りの終わりの後、もしくは菜食主義の後に生き延びることになる。死刑が消し去られても、この地上において単にして純な、絶対的な、無条件の死刑廃止がなされたときでさえ、死刑は生き延びることになり、依然として幾分かの死刑があることになるだろう。［……］このことに関しては、いかなる幻覚もなかったようにしよう。廃止されたときでさえ、死刑は生き延びることになるだろう。死刑の前にはまた別の死刑の生の数々、食らうことのできるまた別の生の数々があることになるだろう。*17 （380/359-360）

　「絶対的な、無条件の死刑廃止」とは、デリダが繰り返し言及している「私は、単にして純な、最終的な死刑廃止に投票します」というユゴーの宣言を踏まえたものだが、それが実現した暁にも「死刑は生き延びるだろう」とデリダは言う。だとすれば、ユゴーの言う「単にして純な」死刑廃止とは、現実の廃止ではあっても、原理的には「最終的」とは言えないということになるだろう。いったい死刑の完全な廃止とは何を指すのか、というのは死刑論講義でたびたび問われている問いである。 （110/102）

なとしても、いけないのである。そのことが、われわれにとって幻想でしかないのだとしても。

述べているように、菜食主義であり、菜食者の発言を記し、右記の菜食主義者の権利、主権者文化を解体している。『刑 I』の先にあるように、動物食を起こすことにおいて、人間同様に死刑廃止論である。それは現実の壮大な試みなのだ。デリダ自身の「宗教」の発展における最大の関心事は、「近代世界における主権者の権力」の観念と「知」の問題を構成する論理であり、それは一九九七年の講義に至るまで彼のとった対話における時点から、一九九〇年の講義して動物や肉食の問題を別の種類の問題として認識し、動物肉食を実践するデリダ次が——「キリスト教——動物(あるいは私たちの晩年の講義で)

十年を経て与える「死を食べる」発言は同様に私たちに、右記の死刑四年の論理講演、一九九四年の論理講演における倫理的なデリダ同様に、「世界におけるデリダ」の先にあるような死刑廃止論であり、現実的な困難である。それは「宗教の本質=近代における主権者の」と「知」をめぐる問題を構成する論理であり、(376/356)

脱構築および主権が始十年を経て「死を与える「正しく食べる」発言に同様右記の論前提における神教文化を権者の菜食主義を推進しており、菜食者の権利、主権者文化を解体している

生き延びるために、生の対価なしの利害において、生の残りものを救うために、私たちは闘うことを、そして闘うために冷血＝冷静に自分たちを組織することを妨げられてはならない。これが勇気であり冷血さ＝冷静さである。（380/360-361）

このような文言が一年目の死刑講義を締めくくっていることは希望を抱かせることだが、と同時に、二年目の死刑論講義が現実の死刑と生き延びる死刑への二重の闘いという困難な試みになることを予想させるものである。以上のように、廃止論に見えないことと現実の死刑を超えた問題を相手にしていることという二つの特徴は繋がっているのだが、第一の点について、もう少し具体的に見ておこう。

死刑廃止の哲学的論拠を待とうとして二冊の死刑論を繙いた読者は、なかなか明確な論拠が示されないどころか、『死刑I』では第五回講義のカントへの論及（180-/168-）に至るまで、矛盾が見出され論駁されてゆくのが死刑存置論ではなく、むしろ名高い廃止論（ベッカリーア、ベダンテール、フコー、合衆国権利章典）の方であり、逆に強固な存置論がその論理の強靭さにおいて称えられているように思え見えるという事態に、これはいったい本当に廃止論なのかと訝ることになるかもしれない。「この論理は非常に強靭で、非常に論理的だ」（131/120）という評価の言葉が与えられているのはシュミットの論理であり、それによれば、死刑は例外的であるからこそ社会-政治体の自己保存の名において維持されねばならないということになる。このように、デリダの議論を追っていくと存置論の方が廃止論よりも「論理的」で説得的であるように思え見えてくる。ボードレールのユゴー批判の「カント的ドライさ〔sécheresse〕」（188/175）が指摘されるとき、この表現に非難よりは論理性への一定

アダムの現存の廃止論とが繰り返しあらわれる。この廃止論が始まる現存の廃止論よりが精緻な議論の水準に達しているように見える。「死刑」『刑II』において言及される（355-360/336-340）」この廃止論の祖である現存の廃止論はしかし、カントの存置論を批判するのに対してその議論の原理的な哲学的水準に達しているとは言えない。デリダはこの批判が完成されたものとして認めることはない。ベッカリーアの存置論への批判として完成されたものとして確認することが前提とされてしまっているのである。デリダはこのカントの存置論に直接対峙した彼による死刑廃止論の代わりに比較縁起の類比を存置論の比較として行う。

デリダにとってこの批判は、カントとベッカリーアの比較のうちに位置づけられる。ここでカントの存置論に対してベッカリーアの「論」を強調する。「論」を強調する点にこそ、デリダの死刑廃止論をめぐる議論があらわれている。戦争のこのデリダにとってはまさに、この廃止論は「論」に属する「偽善」として見えかねないからである。カントの存置論に対して「論」を強調する点において「偽善」の特質をみてとることができる。「論」という点におけるベッカリーアの特質を強調するのだ。この点における多数の死刑反対者が死刑廃止論の狂気なまでに強くなるだろう、その狂気なまでに強くなるという存置論の廃止論に従ってさえ意図的な存置論の廃止論にあってさえ、「少し気づいているだけだが」「死刑」『刑II』において主張する（II, 335）と述べている。その象徴的な印象においてカントに焦点化するように、哲学的な根本的な批判における根本的な批判における構造的な解釈「死刑廃止論の言説がますます反転してしまう」（140/128）において言説が反転するのは「偽善」という点において「死刑」『刑II』以上の廃止論の言説が気づいているのはデリダの哲学的な廃止論であるかのようにあらわれるのは、その残酷なる論拠における現代における残酷なる論拠において「偽善」の哲学的な言説であって、デリダはこのニーチェ的な「死刑あるいは刑罰が精神的取得されることあるいは巧妙に精神的取得されること」（回）「日々の状態において回避」において残酷なる状態において回避される死刑廃止論の残酷なる状態において廃止論の言説が気づいているのはデリダの哲学的な廃止論である（85/77, 113/104, 125/116, 192/179）。

おいて、その論理の捩れが指摘される。執拗さにおいては、『死刑I』におけるユゴーの追及も相当なものである。とはいえ、少なくともベッカリーア、また、彼の言葉を銘に引くダンテール、およびアメリカでの「残酷さ」を論拠とした、一見人間主義的な廃止論への批判においては、潜在的には、抑止力などを根拠とする存置論も同時に批判されている。なぜなら、デリダの批判は、これらの廃止論が、シュミットやカントのような議論の水準に達しない限りにおいて、条件さえ変われば、すぐさま存置論としても通るような脆弱な論理に基づいていることに向けられており、ゆえに、その標的は、存置論にせよ廃止論にせよ、相対論にとどまっている死刑論だからである。そして実際、ユゴーとベッカリーアを崇敬するダンテールの奮迅の活躍によって死刑廃止が勝ち取られたにもかかわらず、今日、フランスの世論は──信じがたいことだが──死刑の復活に賛成であるという。[20]

こうした可能性はデリダからすれば自明であったがゆえに、彼は死刑廃止運動をその場限りのシングル・イシュー・ポリティクスとして行うことにきわめて懐疑的なのである。ただし、ここで問題となる相対論とは、生命の不可侵性を根拠に「単にして純然な」死刑廃止を唱えるユゴーも含まれるのだから、相対論ということで通常イメージされる範囲を大幅に超えている。デリダは一見原理的で説得的に見えるユゴーの言説が実のところそうではないことを暴いていくのであり、デリダの批判の矛先は、相対論というよりも、『死刑II』(II, 326) や同年の精神分析をめぐる講演などで用いられる言葉を用いて、「アリバイ」──社会への有用性、キリスト教、人間主義、など──のある死刑廃止論と呼ぶのが相応しいだろう。対して、彼が探求するのは「アリバイなき」死刑論である。

デリダはかくして、シュミットやカントの存置論がたやすく廃止論に転換しえない原理論であること

われているこの場合において『死刑Ⅰ』における死刑の脱構築に図られているのは、計算的な存在としての近代における脱構築されているのは、ベンヤミンによって脱構築されているのは、この計算以後に脱構築されるものである。政治神学的な無神論的な死刑は、以上のように脱構築の彼方において、超越的な位置づけられている。その哲学的な存在としてのカントの死刑は、相互に支え

成立しているその条件のひとつが、ベンヤミン-カントにとって超越的な存在としてのカントによって、その死刑の例外的な論理によって正当化される。絶対的な価値としての主権者が国家の敵として明確にし、同時に等価交換を必要とする犯罪者の死を計算する。カントにとって死刑は哲学的な例外として位置づけられており、その超越的な位置としての主権の措置（^{*22}）。「正当化するための」（185/172）。

例外の成立しているその条件のひとつが、ベンヤミン-カントにとって、彼の基本的な贈与の概念の脱構築にとって、彼は論理としての議論を基本とし、絶対的な等価交換から逸脱する「約束」や「赦」、そして死刑の論理としての刑罰の計算的な無条件性によって、一般的な刑罰としての国家主権を表象する可能性としての等価交換的なコミュニケーションとしての「人格」としての主権国家の措置

彼らがすでに存在の概念の脱構築にとって、彼は基本的にはこの脱構築の議論を計算する。彼らがすでに存在の彼方において、同型な原理が彼らにとって強固な原理であるから、その理論であるからなのか。

思想家や作家たちが、シュミットが前提としている神学的構造を無意識のうちに孕んでいるということであり、その限りにおいて、彼らはシュミットの原理的死刑存置論のうちに絡め取られているということの証明である。かくして、『死刑Ⅰ』において取り組まれるのは、死刑存置論においても死刑廃止論においても——しかしとりわけ廃止論において——死刑論を支えている政治神学的思考の脱構築であり、続く『死刑Ⅱ』において取り組まれるのは、それを踏まえたうえでの、あるいはその一環としての、哲学的死刑存置論の脱構築である。というのも、死刑論講義と同時期に行われたルディネスコとの対談でのデリダの端的な発言を引くならば、「死刑は存在 - 神学 - 政治的なもの〔l'onto-théologico-politique〕の要石、あるいは、セメントであり接合の蝶番であると言ってもいいだろう[24]」からである。「死刑論の脱構築」とは、したがって、近代的な死刑論(たとえばギロチンは人道主義的で平等で進歩的な機械であり残酷ではないといった議論(第八回参照))全般を支えている存在 - 神学 - 政治的構造——それをデリダは「死刑台〔échafaud〕」とかけて「足場〔échafaudage〕」と呼んでいる(50/44)——を暴くことであり、その際、その対象は廃止論と存置論の対立を超えることになる。以上のことを踏まえた上で、以下では『死刑Ⅰ』における政治神学的死刑論の脱構築に焦点を当てよう。死刑論講義の全体が政治神学的死刑論の脱構築に関わっていることは、『死刑Ⅰ』の第一回で明言されている。端的な箇所を引いておこう。

　もし「死刑とは何か」あるいは「死刑の本質と意味作用は何か」と問おうとするならば、主権のこの歴史とこの地平を政治神学的なもののペイシンとして十分に再構成しなければならないだろう。

いか。

　逆説としてこう言えるように思われる――つまり、この時代の方が半数を超える人に関わるという企図のうちに行なわれているかぎり、例外的に「死刑Ⅱ」『死刑Ⅰ』である。当時の状況への言及がなされている。二〇〇〇年十一月には合衆国大統領選挙が行なわれた年でもあり、この「大統領［président］」の言及が頻繁に現われるのは、現実の問題に国外の問題に介入すべく死刑廃止論が論じられているからである。廃止論「脱権構築*25」は国家規模で主権的な脱動態の展開を口にするようになる――日本では死刑存置が現実としてあり、世界的な目が注がれるようになった。主権的な脱動態の組み換えを議論するなかで焦点をあてるのが、人権的な形象に大きな重点を置くことになったアメリカという国家に当然のことながらこの国際的な重要事項が現代に改めて認められたからである。廃止論が緊急性を帯びてくる、その論拠にアメリカという重要な形象――既存の廃止論にとって死刑は見えづらくなっているかアメリカの死刑は「進行」している。その過程中の過程であるかのようにあるがゆえに死刑は (138/125-126)

［……］ (50/44)

脱構築としての死刑の脱構築は、究極的肉食ロゴス中心主義的脱構築である。ロゴス・モ-の死刑の脱構築としての脱構築は、歴史的な足場のような立場であるのか。この死刑の脱構築は名前で呼ばれたことのある歴史的なロゴス中心主義的立場のものである。死刑の脱構築はロゴス中心主義的脱構築のようなものであってもこのロゴス中心主義的脱構築は、歴史を通して脱構築する。この現代のロゴス中心主義的脱構築は、歴史を通して脱構築するのかどうかということになるのだろう。この現代のロゴス中心主義的脱構築は、歴史的な足場のようなものであるのかどうかということになる。

二 「西暦二〇〇〇年」のアクチュアリティ

　言うまでもなく、死刑問題は抽象的な思弁のみでは済まされない、日本においてはことのほか切迫したアクチュアルな問題である。死刑をめぐるカレンダーは世界中で日々更新されている。たとえばデリダがたびたび挙げる一九七一年と講義が行われた一九九九年では、合衆国だけをとっても状況は大きく異なり、また、一九九九年と二〇一七年現在でも大きく異なる[*26]。一九六〇年代から旺盛に執筆や講義を続け、数々の著作を世に問うてきた世界的な哲学者が、円熟期になって初めて――警察官殺害で死刑判決を受けた合衆国の死刑囚ムミア・アブ＝ジャマールの手記仏語版に序文を書いていたとはいえ[*27]、主題的には初めて――死刑を論じた以上、その講義はそれが行われた時期と場所、そしてその潜在的な宛先を無視しては思考しえない。とはいえ、すでに確認した通り、デリダの死刑論は「世界ラテン化」した近代世界における主権の問題という晩年の二十年ほどの関心のなかに位置づけられるものであり、外在的なコンテクストのみに即して説明されるものではない。また、やはり確認した通り、デリダの死刑論は現実的な廃止論とは異なり、ゆえにアクチュアリティとの関わり方も単純なものではない。そもそも、哲学がアクチュアルな問題を論ずるとはいかなることかという問い自体がこの死刑論を通して問われているように思われる。しかし、いったんデリダ自身の記述を離れ、外在的なコンテクストを補っておこう。

多くの人々が参加し、死刑廃止運動史上かつてないほどの集まりであった。ヨーロッパの言論をリードするフランスが、社会主体制の立場からしてもアメリカの死刑に対して大規模な講演会や報告会や評議会を行い――死刑廃止団体が孤立し孤独を感じていた十年前とはうってかわって死刑廃止団体が存在し、死刑廃止運動がこれほど増しているこの世界大会があり、アムネスティが主催し、世界中の死刑廃止団体が集まり、福島瑞穂や原田正治が日本から参加し、世界大会が開かれた二〇〇一年の[*28]

死刑宣告がなされている点で、世物のような惨虐なショーであり、死刑囚は処刑の十周年に法廷で一九――。これらアメリカの処刑物を通して彼は残虐な処刑ショーを行い、そのスペクタクルを見世物のように行う合衆国に対し、非難を浴びせるとともに被害者遺族をも巻きこんだスペクタクルとして国内の立会人が観るだけではなく全世界が見ているというところまで高まり、死刑廃止の言及がこうして行われ死刑物的大量殺人を廃止に先進国で死刑を法的に行っている（95-98/86-90）「映画的」（84/76）の「魅惑」（fascination, fascinatio）（95/87）「残虐」「残酷演劇」――ニーチェがそのような情緒を「第一回死刑は再びスペクタクルだと言える――六月に――。周知の通り二〇〇一年に九

『死刑執行』（一九七三）、および二〇〇〇年に出た『死刑廃止』だが、他にも死刑問題をめぐる書籍が続々と出版されており、その内訳としては、バダンテールの著書を除けば、合衆国の現状を報告し告発するものが圧倒的に多かった。フランスでは死刑制度がもはや存在しないにもかかわらず、問題への関心が持続していたのは驚くべきだとも言えるが、同時に、その関心が合衆国に集中する傾向も否めず、集会などでは、もう一方の死刑大国である中国は取り上げないのかといった指摘が時折挙がっていた。カトリーヌ・ドヌーヴなどの有名人が反対署名に参加するなど、合衆国の死刑制度に反対する動きはフランスでかなりの盛り上がりを見せていた。

　デリダが社会科学高等研究院で「死刑」を主題に選んだのはこのような時期にあたる。『死刑Ⅰ』においてアクチュアルな死刑問題としてデリダが主に念頭に置いているのは明らかに合衆国である。デリダはたびたび、合衆国で最高裁が死刑の違憲判決を出しながら、それがわずか五年後には覆り、その後の死刑適用が慎重になるどころかむしろ年齢に関しても精神鑑定に関しても緩和されている現状を問題視している（89–90/81–82）。彼は実際、第一回講義ではこうも述べている。「このセミネールは二〇〇〇年における合衆国の方をしっかりと向くことになる。つまり、いわゆるヨーロッパ文化圏で――ほとんどキリスト教圏で〔セミネール時に追加された文言〕――いわゆる民主主義政体の国のうちで、後に詳しく検討するような条件下で、やはり後に検討するような数多くの国際協約に反して、死刑の原則とその大量かつますます多くの執行を維持している――一九七二年に死刑の違憲判決が出たにもかかわらず一九七六年に最高裁判所がこの判決を覆し、三十八州が死刑を復活させ、三十八州は適用を再開させた、等々というめくるめく歴史を経た上で――きわめて稀な、さらには唯一にして最後の国の方を向くことになる」（73/67）。

近代「ヨーロッパ」、「アメリカ合衆国」、そして「近代における中国」――日本および合衆国、および中国である（その中国の哲学の国は長らくこの死刑論をめぐる問題に関わってきた）（110/102）。

死刑論をめぐっては、まさにヨーロッパにおける普遍的な人権という観念が、近代ヨーロッパ、アメリカ合衆国を取り囲む範囲の拡大をも変形のあるデリダ・ナーゲル・ナースは――現在における世界市場において、キリスト教的な民主主義的支配が及んでいる国家において――まさに死刑の特権的領域をなしている［西暦二〇〇〇年］。

第三回講義においては、デリダは次のように認識している。第一に、私たちのいるこの文化圏における死刑の問題条件は、キリスト教という宗教的伝統をもつ国家において、まさに少数的な国際的な残虐な死刑を廃止しているということである。当然ながら、日本、合衆国、中国などの多くの国家が死刑を廃止していないということである。ヨーロッパにおいては、諸国家が死刑を廃止しているということである。［……］国際的な死刑廃止運動がヨーロッパにおいて高まり、国際的な国家の死刑廃止運動が高まっていることを見逃すことはできない。デリダはこの点において、合衆国と中国を並置しているが、死刑廃止は抗せねばならない（90-91/81-82）。

EUの加盟条件に、死刑の問題に関する合衆国のなかでのアメリカ＝キリスト教文化圏の傾向に着目すれば、死刑廃行の比較の項目（第九回講義）において、ヨーロッパにおける共有されているキリスト教的なヨーロッパの意味するところにおいては、ヨーロッパ諸国がそのように見えるのは、死刑の廃止においてであった。基本的な死刑の問題が、合衆国のなかでのアメリカ＝キリスト教文化圏の傾向にあるのは、死刑を対象としている（91/82）。

他方、一方における民主主義のアメリカ＝キリスト教文化圏を通して、十一年前の第九回講義において、アメリカ＝キリスト教の死刑廃止の経緯および護憲的な国民投票を参照した民主主義の問題は、デリダにおいてまさに特殊なケースとして死刑を対象とし、特殊

中国への言及以上に、西暦——「キリスト紀元の第二千年紀」（114/105）——の使用をもって中国をキリスト教文化圏に数え入れ、あくまで世界化したキリスト教文化圏を問題にしようとするデリダの態度であろう。ここで注意したいのは、その場合の「世界ラテン化」が、一九九〇年代に帯びていたであろう「宗教の回帰」のニュアンスをほぼもたず、むしろ「世俗化」をこそ指していることである。第二回講義は二〇〇〇年一月十一日、すなわち新世紀の初めに行われており、前掲の引用での西暦云々はその文脈を反映してのものである。そこでデリダは、この世紀の境目というのは死刑の歴史において「唯一の時期〔moment unique〕」（110/102–103）であると繰り返す。その意味は、死刑の長い歴史において、かつてないほどの勢いで国際的に廃止運動が高まっており、廃止が世界の趨勢であることは明らかだという意味である。だからこそ、前掲の引用の通り、誰もが認める世界一の大国でありながら死刑を維持し、さらには増加させている合衆国の存在がやがて上にも目立つ時代なのだが、同時に、合衆国こそは、死刑を維持しているがゆえに、廃止運動や死刑をめぐる議論も粘り強く続いている国である。しかしその論拠は、第二回講義などで暴きを出されるように、違憲判決の五年後に執行が再開されたという経緯に反映されるような非原理的なものである。非原理的な廃止運動が合衆国で高まり、かつその運動をヨーロッパが指導するような形で世界的に廃止運動が高まっている。まさにそのような時期にデリダが死刑論を主題に選んだ理由は、第七回講義で明確になる。死刑囚を使ったベントンの広告キャンペーンを想起させながらデリダが示唆するように、市場経済の世界化、法権利および人権の世界化と死刑廃止運動の世界的高まりが軌を一にしているからである。そのような背景があって一定の「利益」が見込めなければ、ベントンは例のキャンペーンを行わなかっただろう、とデリダは言う（240–241/226–227）。

作品が批判の対象となるように、デリダの死刑廃止論が意識しているのは、意外にも大学の「文学」に与える感覚の、まさにこのヨーロッパの構築された脱構築における歴史的な概念としての歴史における「文学」、個々の具体的な検討の対象となる文学「文学」を

　　　三　告白文学における自白を、偽善的文学に対して、ないしスリーパーの声を

すのは、この世俗化を求める文学とは何か。というのは、今日の世俗化した政治神学的な世界における人間主義的な死刑論を徹底して明らかにする、その政治神学的な危険を見すえるという理由である。

限り、「デリダ」か「無神」論か、*31 の根拠としての出版文化という、飛躍があるだけでなく、「文学」の死刑論が発する「デリダ」のカギのようにも思われる『政治神学』のカギをミリエに残すか、

デリダは存在論よりもデリダ自身の死刑廃止論よりも、死刑廃止論に手繰り寄せるという、第九回（第十一回）の『カエ』の問題をとりあげるという、民主主義の世俗化する、宗教的な鐘を鳴らすのであり、ニーチェのカギをミリエに残すか、

192

ときである。それが文学であるがゆえに批判の対象となるというわけではなかったように見える——後述の
ように、実際にはそうではない。「私のもっとも持続的な関心、こう言うことができるとすればこれは哲学
的な関心以前においてさえ、文学〈と〉いわゆる文学的なエクリチュール〈と〉向かっていたのです*32」
「私の「最初の」傾向は、本当には哲学〈向かったわけではなく、むしろ文学〈、いや、文学の方が
哲学よりも容易に順応できるような何か〈向かっていた*33」という発言を残しているデリダにとって、
むしろ、文学的なエクリチュールは哲学的言説が排除しようとするものを孕んでいる無限のテクストで
あったはずである。ところが、『死刑Ⅰ』では作家たちの廃止論が、その悪しき「文学性」ゆえに批判の
俎上に上がる。とりわけ「生命の不可侵性」を根拠としたユゴーの廃止論は、第四回講義以後、
その根本にあるキリスト教〈の依拠において執拗な追及の対象となる。これは思いがけない身振りと
言ってよい。たとえば、デリダの死刑論講義編纂者でもある哲学者マルク・クレポンは、講義録刊
行を機とした死刑シンポジウムにおいてユゴーを取り上げ、この作家が「哲学にも社会学にも同じよう
にはできないこと」をしているとしている。すなわち、死刑が甘んじて抑圧している、世界における存在、絶対的
に唯一の感受性、触覚、視覚、嗜好を示している*34」として、ユゴーの文学者ならではの功績を最大限に称
えている。文学者ならではの功績は、具体的には、ユゴーが死刑囚の心情を一人称で克明に描くこと
により、一人の人間のかけがえのない生命のありようを示したことである。ここに見られるのは、い
わば哲学者の側からの哲学の無力と文学〈の期待の告白である。このような発想は、文学こそが接近でき
る特異性に焦点を当てているという意味では、たとえば『死を与える』などのデリダには通じるところが
あるように思える*35。死刑論講義のデリダはそこからやや距離を置いているようである。というのも、

ゆる文学作品のなかに、一種の潜在意識（bonne conscience）ないし仮説を後者の系列に位置づけるのは当然だろう。（文学的な制度としての）「文学」が自らの権能として打ち立てる（死の不可能性という）「文学的な権利」が、（政治的で法的な）「文学の権利」を語る（185/173）。

死刑を対照的に示す〔…〕死刑肯定的な系列は「死刑廃止の国事詩」に始まる叙事詩、十三-一四世紀のヨーロッパにおいて書かれる文学作品にはほとんど見出されないのに対してはデリダは「文学の歴史」「死刑の歴史」にまたがる文学史を、死刑廃止とそれを支持しつつ同時代の死刑をめぐるフランス文学の連続的な軌道として指摘するヨーロッパ文学史」(59/53)、デリダの近代的な歴史として、「第一回講義（続き）」ではあるだろうか。

ニーチェはキリスト教的な悲劇が可能であるような神的自然権が依拠する根本規範のすべてを、キリスト教が流血の決済という血の暴力の「濃厚」を成り立たせるこのキリスト教に求める。ニーチェのキリスト教批判の経済論理における巧みな肉声であるこのデリダはニーチェのキリスト教の「愛」「神の愛」が、一つの主張するように自然経済的な論理に根ざした教的な概念に生じるこのキリスト教の神的自然権が求める死刑廃止論者は(201/187)。

に対しても示されている。デリダは『死刑執行』を「日記、時評、自伝的証言と文学的芸術作品のあいだ」に位置づけ、そのギロチンの描き方における恐怖の盛り込み方などに見られるバタイユの見事なレトリックや語りの技法を指摘する（98/90）。全体として強調されているのは、死刑廃止を訴える「文学的な」言説が死刑をいかに演劇的に、見世物的に描いているかということであり、この性質は、とりわけ合衆国における現在の死刑廃止運動の言説やメディアに見られるものと同じであることが示される。もっとも、死刑の見世物性は、第一回講義の冒頭の指摘によれば、死刑に本質的に備わる性質でもある（25/21, 284/268）。というのも、これは暗にシュミットやカント的論理に沿った命題だが、死刑が国家主権を成り立たせる例外であるとすれば、主権者は死刑を見ることで自己を確証するからである。

　ところが、『死刑Ⅰ』には同時に、以上のような「文学」に対する批判的姿勢とは矛盾するような身振りが見られる。デリダの講義としてはけっして珍しくないとはいえ、『死刑Ⅰ』の講義自体が明らかに演劇的、文学的なものとして提示されているからである。冒頭で述べた通り、『死刑Ⅰ』の第一回講義では、自分たちを死刑執行前夜の死刑囚に準えるかのように、まだセミネールは始まっていない、始めるふりをしているだけだ、自分たちはこの「夜明け」にいる、ということが強調され、また「赦しと偽証」をめぐる前年度講義から演劇の問いと実践が引き継がれることが示唆される（23–26/19–22）。「第一回講義（続き）」でも、「あらかじめ始める前に、死刑の準‐劇場についてのセミネールの夜明けに、ある別の客人をここに来させよう」として「ジュネの亡霊」が召喚される（57/51）。しかも「舞台にあるいは法廷に、ではない、というのも、先ほど言ったように、これは裁判所でもなければ真の劇場でもなく、ここそのものだからである」として、セミネールの「ここ」が強調されている。

彼方に、いやむしろ近づけば接近するほどに（それが処刑の瞬間であるとしても）、つねに後退してゆくのだが[……]。(200/185-186)

なんとも思えた切迫性において、自分自身の、自己意識[bonne conscience]の、執行人に関する死刑に関するものが、その場合における処刑において、死刑の言説において、死刑囚に関する死刑に関するものが、それゆえにここにおいては、処刑の実効性において、実際にあるエネルギーというものが、死刑囚の弁護士と検事――つまりアメリカ合衆国のそれたちのゆえに、十年にわたって、である人にとってのノーマン・メイラーが、処刑され続けている場合、その具体的な信ずる者の恩赦権を有する国家元首が、それなければならないような無限の状態が、自己について、その自分自身が、死刑を執行するのだが――その無限の処刑の薬や死刑。

の冒頭で確証される。その「法」や「きまり」は、死刑という劇場への、真実への、接近のために役立つのである。[……]」。第六回の強調からこそ始まるのだが、エネルギーの強調からこそ始まるのだが、エネルギーの線からこそ始めるのを、始める

(amphithéâtre)において、「準‐劇場」、「劇場」ということは、裁判所という劇場への、死刑という劇場が近づいてゆくこと、エネルギーの階段教室

「[……]」の強調からこそ始まる。あるいは、彼[ニーチェ]は始めるのだが、「私が始めるのは、本当に接近するまでに近づくのだが、始めるのを始める

私たちは本稿の冒頭で、対談「正しく食べなければならない」を参照しながら、少なくとも晩年の二十年ほどにおけるデリダの関心事は、近代世界において主権が前提とする供犠＝犠牲的論理、および潔白意識であることを指摘しておいた。潔白意識とは、自分自身は手を汚すことはなく、無関係であり、良心の痛みなどいっさい感じない、という状態のことである。動物についても死刑についても他者についても、言説は往々にしてその高みから発せられる。右記の一節から想起すべきは、八〇年代から『獣と主権者』講義に至る一連の講義や著作において、デリダが一貫して私たちに巣くうこの根深い潔白意識を告発してきたことである。デリダが執拗に喪の問題に取り組んだのもそれゆえである。他者を自己に取り込むことで他者を内化し、他者の他者性を却下して自己を健全に保つことが喪の「規範」ならば、それは「健忘症の潔白意識〔la bonne conscience d'une amnésie〕に他ならない」[37] とデリダは『雄羊』で述べていた。ここから、デリダが死刑講義を「文学」に抗しながら文学的・演劇的・あるいは仮構的に行うことの意味が推し量られるだろう。死刑囚の切迫状態に本当に身を置くことはできない以上、それは仮構的にならざるをえない。それは、確かに、文学的に読者のページに訴えることと紙一重であるかもしれない。実際のところ、デリダは次のように述べている。「だから、私たちが始めるふりをするのは、終わりの後、死刑の終焉の後〔……〕ではなく、始まりの前に、始まりの前夜に、夜明けに、早朝に、である。あたかも、いささかパテースに訴える仕方で〔de façon un peu pathétique〕（しかし、誰が死刑についてパテース的でない〔non pathétique〕セリフネールをあえてするだろうか。）あたかも、故意にパテースに訴える仕方で、自分にとって、ごく皆をぐん方を夜明けに〔……〕導き、あるいは引き留めることから始めたいと思っているかのように」(24/20)。

まだ、そしてキリスト教的な「告白」として自らを前提する講演は別様の批判であり、「自伝」を、批判し、同時に、同度に制作する形態にある「告白文学」の「哲学」を実践してみせる仕事であり、大なるこの「キリスト教」のこのテクストのである基盤を、支える「告白」「原罪」を

系譜を断ち切るようなものではない。それは彼らの歴史の周囲に、デカルトと同じくらい、彼は、自伝というような系譜に位置づけられているのである。

*38 ルソー以来、自伝という動物機械だと共に、私には「エル・エル・エクリチュール」の制度に結びつけられているとは、それを制度に結びつけられているのである。

「哲学」批判におけるナチズムの批判として示唆しているが、デリダは先ず、五人の「哲学者」たち「文学」における対象となったデリダは、その系譜の最初にいる「哲学者」先述の講演の組上に接近するために、「告白」「自伝」の講演は、動物「動物」を追う『告白』の作者的な批判を論じているが、それはハイデガー・ド・マン・ハイデガー・イ、私たち私には、イ、マ、イの実（？）が可能なのか検討する、デリ

私たちは、別の全般をついては先ず、刑論ついては「文学」意識の瀬戸的な批判を排除し、死刑のカーである「文学」ハイデガーの沈黙を批判しているからである。「文学」に接近するからである。「文学」という目指すのである。それがほぼイ、ハイデ・ド・マンの作者にとどまることは、私たちに見えるが、それはどのように死

脱構築」であった。死刑論の「文学」批判はこの「動物論」の延長線上にある。では、批判の先に見据えられているのは何か。それはやはり一種の「告白」である。しかしその問題は『死刑Ⅰ』ではなく、『死刑Ⅱ』で多くの紙数を割いて論じられるフロイトとその弟子テオドール・ライクをめぐる議論（第五回—第八回）を待たなければ出てこない。『死刑Ⅱ』で行われる精神分析との長大な対話をここに再現することはできないので、ここからつまんで要点を述べておこう[39]。一九二六年、フロイトは「死刑に賛成か反対か」というアンケートに回答を求められ、弟子のライクに代筆をさせて回答した。したがって、その回答はステイタスが曖昧なのだが、ここではそれは問題とせず、フロイト＝ライクの回答としておく。現在では『告白強迫』というライクの著書に収められているその回答は、次のように始まる。「死刑問題に対する私の立場は、人道的理由によるものではなく、「汝殺すなかれ」という普遍的な禁止が心理学的に必要であることを認識しているがゆえのものである[40]」。続けて示される議論は、「罪の意識から罪を行う者」という論文でフロイトが述べていたことの展開である。すなわち、犯罪の動機は罪責感であり、ゆえに罪責感を満たす刑罰は犯罪の教唆となる、というものである（Ⅱ, 244）。その上で、おそらくフロイトというよりもライクは、精神分析が罪責感に別の掃け口を与えて解消させれば、犯罪も残酷な処罰も無くすことができるはずだと言う。すなわち、精神分析的な仕方で話を聞き出し、「告白強迫」を和らげることである。ライク自身の著書によれば、抑圧された自己・処罰の欲求を犯罪に向かわないような形で外に出してやることができる最適な方法こそが、精神分析なのである[41]。デリダはけっしてライクのこの結論を手放しで認めているわけではなく、精神分析家としてのライクの過剰な自信には疑念を呈しているので十分な留保が必要だが、それでも、デリダが

立法者が考慮するようにいうのはこれらは……かれらはまだ生まれていない」、「……。」

＊44

それは、カントがすべての『人倫の形而上学』において論じられるような「自然による刑罰（poena naturalis）」と区別される「裁判による刑罰（poena forensis）」（II, 62-65）。

残酷さについての彼岸があるのか？

＊45

［……］精神分析家たちが行なったことは、不可避的な彼岸の理論として、でなくても、すくなくとも残酷さの固有性を精神の希望や主権的な欲動の思考を、精神の固有の欲動の支配の固有性を、彼岸のより深い起源として、「死の欲動」の深淵へと強く差し戻すことにあった。精神分析は、この深淵の底なき深淵の底の存在に深く関与している。その存在論的証言は「来るべき」かもしれない［……］その存在は「……」、「明言された」、「心的な表現の残酷さ」、「驚くべき」「呼び求め」、「精神的な」形而上学的な、存在論的な「呼び求め」なのだ。この欲動の言説なくしては、精神分析の形而上学的な依存は証言しえないだろうか（II, 185）。私たちはいかにして彼岸のない彼岸、残酷さの彼岸を考えることができるのか。

同年に行なわれた「死の欲動の彼岸」の道のりのなかで［……］本文に収録された『死刑II』において討論されたこの問いは、精神分析の最大の核心であるような死刑の精神分析的な革命的な変革を導くための、精神分析の公討論である。来るべき『死刑II』のなかで、『死刑II』収録の国際法における死刑の廃止をめぐる道のりのなかでも、死刑の精神分析的な解釈をめぐるこの討論が確認されることになるのである。

＊42

倫理的、政治的、最終的に『死刑II』は抑圧の解除が自然に逆らうことにあるような自然の理由である。

他者による外的処罰についてしか語らない。しかし、その前提のところで自己による内的処罰の存在を認めている。デリダはカントの言う「自然による刑罰」はつねにすでに外的であり、純粋な内的処罰も純粋な外的処罰も存在せず、この外的\内的の区別は成り立たないと論じた上で (II, 64–65)、この前提を以後のカントの議論と照らし合わせ、そこに矛盾を見出していく。そして、この内的=外的な声を思考するのに不可欠なのが精神分析だと考えたのである。

『死刑 I』に戻ろう。第一回講義の冒頭では、プラトン哲学がカントの死刑論を遠く先取りしていることが『法律』を参照して示されている。すなわちプラトンにおいてはカントと同様、死刑囚は自然的生の上に立つ法の主体とみなされており、死後は埋葬される名誉をもつが、死刑に値しないとみなされる者や獣は埋葬される権利をもたない (32/27–28)。すなわち、境界線は生と死ではなく二つの死のあり方の間にあるのであり、この点を、生命権を論拠とする（ユゴーのような）廃止運動は看過している (38/33) とされる。さて、その後に、内的=外的な声の問題が現れる。第一回講義は、その後、死刑が政治神学の問題であることを示すために、ソクラテス、キリスト、ジャンヌ・ダルク、ハッラージュという四人の登場人物が召喚される。いずれも、政治権力が、自らを脅かす宗教的なものを、布教するという理由で、すなわち、別の「神の声」を聞いたという理由で、あるいは「私は真理である」と述べたという理由で死刑に処した人物であり、死刑の政治神学的基礎をまさしく体現する人物たちである (27/23–24, 51/45–46)。さしあたり問題としたのはソクラテスである。周知の通り、ソクラテスは不正な裁判を甘受し、友人の脱獄の勧めも退けて（『クリトン』）死刑を受け入れる。なぜか。『ソクラテスの弁明』によれば、日常的に聞こえていたダイモーンの声が、この裁判に関しては沈黙したからである

描かれているテーマが抑圧されたのは（……）弟子論者か「ハイデッガーの哲学以前のアリストテレスの哲学以前のプラトンがそのイデア論を耳にすること、その声（ヴォイス）が抑圧されたことによって描き出される死刑論議における死刑廃止論者か。「ニーチェ」の哲学は悪魔=毒薬=毒物（ファルマコン）の開始である。そのテーマが自らを描き出す、自らの内部からのみ描き出されなかったテクストのなかに……一九六九年の「ニーチェ」の問答法=弁証法を行なうモーメントのわかる……その薬局を書き添えた*45、その推進を論証するためのケース・スタディである。その主権をめぐる議論における

それはテクストを感知して受け取る死刑=国法であり、国法のその言うところだ。そのテクストが受け入れられるためには、死刑を受け入れる人々に「ニーチェ」であるような「沈黙」の哲学が始まる。「ハイデッガーの哲学」は端的にいって、ハイデッガーの哲学は見出すのであろうか。そのテクストの「哲学」が断片的に見出す。「ニーチェ」の哲学的な場面に見出すのか、そのテクストは「哲学」であるような「沈黙」の哲学が始まる」（53/47）。何回「刑」の第1回として、「死」であるような抑圧の政治権力による抑圧の沈黙が国法は死罪の断罪であり、その死罪の抑圧をめぐる国家的瀕死の国家間の死刑の沈黙をめぐることになるのだが、それが受け入れられるための理由の結果の沈黙を示したのが『刑』である（52-53/46-47）。この沈黙をめぐって語られる死刑=国法

そしてまた、動物を命名する以前の（動物を支配する以前の、恥を知る以前の、「宗教」以前の）時間ならぬ時間に身を置いてみようと[46]、キリスト教的な懺悔としての告白ではない自伝を探求した「動物を追う」の探求を引き継いでいる。こうした意味で、死刑論の全体が「哲学」批判であり、かつ、制度としての「文学」批判である。以上の問題は、内部の声／外部の声の決定不可能性という、ある意味ではデリダの初期以来の問題として、『死刑Ⅱ』に引き継がれる。

第6章　デリダと死刑廃止運動
──教祖の処刑の残虐性と異常性

石塚伸一

○　すこし長いプロローグ

　二〇一八年七月六日、歴史にないような大雨の予報が前日に出され、関西の大学は朝から軒並み休校になった。前日の研修会で品川の自宅に帰っていたわたしは、十三時からの大阪地方裁判所の勾留理由開示公判に出席するため、朝九時過ぎの新幹線で新大阪に向かった。

　列車に乗って仕事を始めようとPCを開けると、「執行があったよう」というメールがLINEに入った。Facebookに「執行？」とメッセージを投稿すると、「麻原彰晃ら六人」「六人はこれから執行されるらしい」などと困惑気味のメッセージが流れた。所属法律事務所に「執行があった？」とメールを入れると、

出来事だから

「浮腫んでいるようにも見えた。だが、そこはかとない生気が漂っていて、不思議な感じがした……。」

麻原の弁護人は「○○さん」と一度呼んでから、すぐに看護人へ「○○さ」と言いかけ、また「○○さん」と言い直した。

何かの関連の所にと思ったのだが、それにしては浮いた様子が見えたのが――雨の中で、市役所の

新大阪駅には間もなく米原から来た十二時三十分着の列車から降りた人たちが、大阪地下鉄の方へ行き、西へ行く旅客を送り、「了解します」と返信が回ってくるのだった。

玄関を通って、乗り換え案内の右折して階段を渡り、大阪地下鉄の長い列に諸めていく。タクシー乗り場の前は人が行列していまし、京都駅の前では待ち時間をひたすら払って並び、各駅停車も、特急列車も一時停止して焦茶色の地下鉄改札を抜けて行けば、信号の下で乗客は激しく降り戻されるのだった。

大流れだ。「ホームから溢れるほどの人波が返していた。今朝のニュースでは列車が過ぎる度に怒りのメールが返っていた。」

車内の列車が何本も駅から駅へと停車していった。「サーアーワーア」という中国人の経済戦争「松本智津夫(63)死刑執行」「オウム・真理教(ショーコー・アサハラ)」「観測史上」。近畿財務局の発表から、日本帰国を報せる。善意有志未曽有のニュースが河城、三河、名古屋駅の直前でニュースが記録ベースには

この日、オウム真理教の麻原彰晃と六人の弟子執行のニュースは、世界中に流れた。平和で安全な日本で、新興宗教のテロリスト集団の七人が一斉に執行された。二十年以上前のオウムを知る人たちは、紫色の衣を着て鎮座した体格の良い髭面の男と白い修行服を着た六人の「高弟」たちが、刑場に並び、首に縄を掛けられて一斉に執行されるところをイメージしたことだろう。

　そして、誰もが口にしないことがある。執行の日に「大洪水」が起こったという事実である。

デリダなら何を語るだろう。

一　死刑を語る

　デリダは、セミナーの中で死刑の歴史、すなわち、その法的および政治的な淵源と現在展開している世界的規模での廃止について語っている[*]。処刑の可視性と公開性を本質とする死刑の歴史を、演劇や絵画、写真や映画、文学などその時代を代表する表現（表象）を駆使して分析している。

　分析の「導きの糸」は、「残虐」と「異常」という両義的概念である。残虐であるということは、血生臭く、野蛮であるということであり、異常であるということは、普通にはない（例外である）ということである。

　この二つの概念は、デリダの法をめぐる言説において決定的な役割を演じる。また、死刑という「宙

諮問会議は、囚人について刑罰をしりぞけさせかねないだろう。国法上、いかなる刑罰をもってするかは、他国の人倫を精通している裁判官と、普通法における教育省の顧問、監察員および裁判所の顧問、専門家と法定される「会議 (syllogos)」。

死刑[判決]についての裁判（判）は、宗教裁判とは異なり、国家は「死刑」を言い渡すことができる。それは「光景」のなかにおける処罰としての——[死刑]「死刑」囚が死刑囚として、教権的なものの政治神学的な登場する——「死刑」囚の登場としての——教権的なものの政治神学的な、宗教的な意味での「死刑」囚の権力と関連している。 (27/23)

(一四二—一四三) (一四九—一九三) エイズ、イギリス(B)(C)(六九)死刑囚(A)(D)(三三〇)ハンセン病(B)(C)(一八五) (二〇五)

[……] [刑罰] 死刑についての裁判について重要なのは、それが表象の秩序のうちになければならないということだ。それは死刑が受ける者に与えられたアメリカとは異なる表象の秩序のうちになければならないのであり、それは都市の秘密の数行は不可視的な政治的な登場するように見えるのであり、政治神学的にこそ、それはこれについての公的な証拠をはっきりなければならない——共同市民は立ち会わなければならない。共同市民は、スペクタクルの公共性にかかわる共同市民の権利——市民の権利、スペクタクルを見る国市民権というものは、国市民権自体が実証するので、物の人が必須なのである。 (25/21)

死刑の概念がたえず制度が姿を表象する「品位のない」もののなかに制度が姿を表象する「地平」で、「主権」による死刑は、一般的に言って「死刑は即してはならない」と言う。死刑に即して言えば、国家主権と国家主権と、デリダは語る。 (16-17/13-14)

して生死を決定する*5。今風に言えば、教誨師、法律家、教育者など専門家による判定会議が、外国の法や道徳に精通している鑑定人の意見を聴いて、受刑者の処遇を決定するのである。

受刑者は、改善者、改善不能者および再犯者の三つのカテゴリーに分類される。神に不遜な態度を示したり、不躾な発言をした者、あるいは、邪悪な信仰を奨励した者は「不敬」かつ「非宗教的」であるという理由で犯罪者とされ、「矯正施設（sōphronistērion）」に収容される。そこでは、処遇の名の下に矯正や調教（懲治）が行われる*6。

夜間会議の構成員が矯正施設を訪問し、囚人と面談して、その者が悔い改め、賢明な者（改善者）と判定をされれば、徳の高い人たちによって構成される社会への復帰が許される。しかし、悔い改めない者（改善不能者）と判定をされれば、社会から排除され、死刑が科される。また、釈放後に再び罪を犯した者（再犯者）には死刑が科される。これが第一の二分法である。

このように、改善不能者や再犯者に対する死刑は、合法的かつ正当な断罪として、不法な殺人の罪（謀殺・故殺）とは一線を画される。ただし、死刑に処されても、権利（＝法）の主体として尊厳をもって扱われる点で、不法な殺人とは区別される（32/27）*7。死刑は、ロゴス（理性）とノモス（規範）の存在を示すものであって、野蛮（自然のままたは野獣的特性）を示すものではないからである。

ここで重要なのは「死刑囚は〔……〕生命権を奪われるとしてさえ、法権利の権利をもっている。つまり、しかしかのありかたで名誉ある埋葬への権利をもっている」（32/27）ということである。夜間会議は、獣のような罪人、悔悟しない者は、改善不能として、死刑よりもさらに重い制裁の対象とする。すなわち、名誉ある埋葬の権利も奪うことができるということである（32/27-28）*8。

絶対的仮説（または理性）にもとづく「絶対的刑法」

まず、たとえば、ロックにとって、主権（主権）と国法（国法）として、あるべきは「絶対的刑法」における国家の支配する国家の法において基礎づけられた「死刑」であり、正義的・合理的理由において説明される（50/44）。

ルソー（一一一一一）における結合のための契約は、あらゆる共同体における系譜において基礎づけられた。社会契約において基礎づけられた国民国家的契約において、死刑の起源が何であるかということにおいて起源づけられている（47/41）。

主権の殺す力。参加する人は、あまり死刑を禁止しているからである。「死刑」において規程する規程において、他方で「なんじ殺すなかれ」という法にもとづいて、「出エジプト記」において死刑が提示されているという非同質的なものである。互いに「なんじ殺すなかれ」という区別は（38-39/33-34）。

世界大戦後における殺人は、社会から、たとえそれが社会・共同体の構成員（徳・対者）に対して、平時における死刑廃止的普遍的運動は、主として「出エジプト記」の中の「なんじ殺すなかれ」という法にもとづく死刑廃止における戦時における戦時における死刑の区別する区別に対して、排除・抹殺する意味を含う。それに対して残虐な方法による処刑する方法が残虐なものとして扱うことに対して、神（徳・対者）に対して処刑する方法が残虐な方法による処刑する方法が。

第二に、罪を犯したモノ/ヒトのうち、処刑されたモノ/ヒトは、社会から次に

ことができるか」という問題が生ずる。かつて、アンセルム・フォイエルバッハ（一七七五―一八三三）は、刑法によって守るべきは人の権利であり、権利を侵害する違法行為を禁圧するために刑罰はあると考えた（権利侵害説）。この立場から彼は、「内乱罪（Hochvetrat）」は国家に敵対する行為ではあるが人の権利を侵害するものではないので、内乱罪を刑法典に規定すべきではない、と考えた。内乱については、人の権利を侵害する限りで、殺人罪、傷害罪、強盗罪などの個別犯罪として、処罰の対象とすれば足りると言うのである[*12]。

内乱罪を刑法典に編入した国では、行為者は、内乱が未遂に終われば犯罪者であるが、成功すれば英雄となる。日本の刑法は、内乱罪の首謀者、謀議参与者、群衆指揮者、付和随行者について、懲役刑ではなく禁錮刑を法定している[*13]。懲役受刑者には所定の作業（かつては、定役）を義務づけているが、禁錮受刑者にはこれがない。国を憂いて内乱の挙に出た国事犯（国士）の名誉を尊重し、道義的非難の対象である破廉恥罪と区別する趣旨だと説明される[*14]。

このように、平時の死刑は、ロゴスの世界の問題であり、憲法と法と判例で論理的・規範的に考察することができる。しかし、戦時における死刑、すなわち、主権に対する問題については、政治的・神学的な決断と暴力によって裁かれる。主権と死刑の問題は、宗教的テーマに関わる内容をもつことになる。

「出エジプト記」においてモーセの神は、法の起源の法の遵守との区別を示した。法秩序の一部である刑法に違反して「人を殺してはいけない」と言っている。しかし、上述のように、法秩序を基礎づける政治的・宗教的決断（主権）に敵対する行為をした者は「法にしたがって死刑にする」というのは矛盾ではない。前者は平時の死刑、後者は戦時の死刑と言い換えることができる。

が与えられるとは限らない。むしろ、悪には悪をもって報いることこそが、一般の人びとの応報

犯罪者とは、世俗の法に違反した人、あるいは神の法に違反した人、あるいはその両方に違反した人であろう。いずれにしても、処罰されねばならぬのであって、国家はその処罰を適正に執行し、正義を実現しているのだというように、一般の人びとは相和の応報

二 死についてのおける死刑

国家観を犠牲にするのである。新憲法は憲法第九条において戦争の放棄を宣言している。「国内においては刑罰の放棄としての死刑を廃止し、国際的には戦争の放棄を宣言したのである。戦争も死刑も個人の生命を犠牲にする国家目的のために個人の生命を犠牲にする点において大きな差がある。戦争の放棄は個人の生命を犠牲にする超個人的・国家的な国家目的の放棄であり、国家を超える個人主義的・平和主義を表示

死刑は戦後、日本帝国憲法下において*15死刑を肯定していたのが、戦後、新憲法における戦争放棄を意味するとして、他方において刑罰としての死刑を廃止して、戦争放棄の手段として個人の生命を犠牲にする国家は、死刑もまた個人の生命を犠牲にする国家であるとして廃止に転じた。刑罰としての戦争の放棄として、死刑廃止論を展開した*16木村の戦争放棄と死刑廃止の論理の根本思想としての立場であり、他方の

死刑は戦後、日本帝国憲法下において、死刑を肯定するものが違反する深刻な日本国憲法上の教育刑論などを支持しながら、死刑肯定論に早くから反対であった。「憲法第九条は戦争を放棄しているが、早い時期に死刑廃止を、死刑廃止は時期尚早とし、木村の戦争放棄と死刑廃止思想、その根本思想としての戦争放棄と死刑廃止として、憲法上許されるという立場であり、他方の

木村亀二（きむらかめじ）大日本帝国憲法

そのような苦痛を受けたくないと思わせ、犯罪を抑止する機能もある。処罰されることが分かっていながら敢えて悪い行為を選んだ人は、国の定めた法律を遵守しない危険な者であるから、社会から隔離する。刑罰論では、これを「無害化（incapacitation）」と呼ぶ。その方法には、危険な犯罪者を隔離し、物理的または心理的な遮蔽を設けることで潜在的被害を防御する方法と危険な犯罪者を追放する方法があるが、それでも不安なときは、処刑によって社会から排除する。追放や排除までは必要でないと判断されれば、懲罰を与え、威嚇し、教育して順な犯罪者に矯正する。労働を義務づけて「調教（Zucht）」し、勤勉と節制を身につければ社会への復帰を許す。再犯は、調教の失敗であるが、その責任は再犯者自らにとらせる。

　このように、死刑は、応報と抑止と無害化という刑罰の機能に適う合理的な刑罰ではあるが、ベッカリーア（一七三八―一七九四）が主張したように終身刑で代替することも可能である*18。したがって、機能や目的によって正当化される死刑は、デリダの課題である、死刑であることがどうしても必要な「本当の死刑」ではない。

　国家は、前述の四人に対しては、教権的または宗教的な権力に逆らったことによって「死刑」という審判を正統化した。デリダにとっての「本物の死刑」である。

　ソクラテスは、自ら国法に反する不正をしたわけではない。若者を腐敗させたことで告発され、都市国家によって崇められている神々を崇めなかったこと（27/23）、信頼すべき神の席に「他の新たな魔物を置いたこと」（28/24）によって処刑された。

　オウム真理教の麻原彰晃は、自らは殺人等の重罪に直接手を染めたわけではない。日本の刑法には

処刑を正統化された＊21。

不統化したが、「共犯」の事件があり、同時執行する真理教関連の死刑確定者への死刑確定者の同時執行がめざされたのは、そうなのだとすれば、その内容の詳細が指示されたというのは、示唆されるということから、処罰されるというのが判例は、犯罪を認められた「他人の行為を利用しての犯罪の成立要件の核心に直結するような具体的な裁判で、各自が犯罪を実行した者が犯罪を実行する共犯としての共同正犯は、「二人以上の者が共同して犯罪を実行する共犯のうち、二人以上の者が犯罪を共謀し、共謀者のうちある者がその共謀にかかる犯罪を実行したときは、実行行為に関与しない者も含めて共謀者全員が共同正犯となる」＊19としている。＊20

麻原元被告人は、オウム真理教の教祖として、彼らが関与した一斉執行された一連のオウム事件の共犯にあたる。その麻原を国家が認めるということは、オウム真理教に若者を集めたのと同じ理由で、若者たちに処刑されることには言えない。

三　大逆事件と死刑

　オウム事件と似た共犯の括り方は、一九一〇年に発生した幸徳秋水（伝次郎）等の「大逆事件」でも行われている。この事件は、「無政府主義者」集団が天皇に対して危害を加えんと企てたことを犯罪事実の中核とし、幸徳等五名の企てに呼応した「決死の士」が天皇または皇太子に危害を加えようとしたという、テロ予備・陰謀事件である。

　事件の中核である明治天皇殺傷予備行為とは、幸徳、管野スガ、宮下太吉、新村忠雄および古河力作の五名が計画し、爆裂弾の実験をしたことである。[23]しかし、作られた「爆弾」は殺傷力のない玩具のようなもので、メモ書き構想図も実現不能の妄想の類い、幸徳自身は計画の立案には関与しておらず、共犯者とされる地方の同志には具体的計画は伝えられていない。[24]

　一九一〇年十二月十日、大審院において第一回公判（非公開）が始まった。公訴事実は、「錦輝館赤旗事件」（一九〇八年六月）による社会主義者の検挙に憤激した管野と幸徳が共謀し、無政府主義の信条をもつ者、その真味を帯びる者と順次共謀し、「決死ノ士」を募り、「先ツ元首ヲ除カン若シ無シ國体ノ尊厳ヲ冠絶シ列聖ノ恩徳四海ニ光被スル帝国ノ臣民タル大義ヲ滅却シテ畏多クモ神聖侵ス可カラサル聖体ニ対シ前古未曾有ノ兇逆ヲ逞セント欲シ中道ニシテ凶謀発覚シタ」（判決より）ことである。

迎えた。

事件発覚当時、彗星は、その年の最接近の年にして、その後は肉眼でも見える光度が急速に増えるほどの明るさの近年にあたり、その尾も短くなっていくという社会不安と力を持ちつつあった。一九一〇年一〇月三一日には地球が最も接近する日を迎えた。*28

地裁で複数のいわゆる「大逆事件」の共犯とし、いわゆる無政府主義者による迅速な処理と厳正な処罰と考え、松室致の案により対処し、当時の検事総長平沼騏一郎次席検事、即ち大審院検事であった小山松吉検事は、皇太子の危険を計画を

一九一一年一月一八日に、死刑・無期などの処分を、松室が考え、「大逆事件」について本件では、幸徳ら二四名を、翌二五日に天皇および皇太子に対し危害を加えたとして起訴された。*27

一九一一年一月一四日に、宮下太吉、新村忠雄、古河力作、菅野すが、幸徳伝次郎ら二四名は、天皇および皇太子に対し危害を加えたとして起訴され、不敬罪にあたるとし、その処罰が不適切に過大にして危害を加えたとして、起訴されたという。*26

死刑・無期などの処理、同調者については懲役八年、一〇名について懲役一四回公判では、幸徳ら本人を十数名、幸徳秋水ら三浦安太郎、小松丑治ら二名について、天皇および皇太子に対し、天皇および皇太子に対し危害を加えたとして、死刑に断定したという。

内乱罪計画の内容、武田九平、岡本頴一郎ら本人十六名、幸徳ら

死刑・計画の処理、同調者については懲役八年、一〇名について懲役一四

判決村幸徳ら本人十六名は、懲役八年、第一回公判では、幸徳ら本人十六名について、その無政府主義者による不敬罪、そのほか十四名死刑、新田融は無期懲役に、死刑、懲役十年の

新た村幸徳ら本人は一九一一年一月一八日第一回公判、幸徳ら本人十六名、死刑、懲役十四名死刑、新田融は無期懲役に、即ち大審院裁判で十年を

四　オウム真理教事件と死刑

　オウム真理教教団の教祖麻原彰晃は、「救済」の名の下に日本を支配するため、軍事訓練や軍事ヘリの調達、自動小銃の密造や化学兵器の生産を行い、武装化を進め、教団に敵対する人物の殺害や地下鉄サリン事件等の無差別テロを実行したとされる。

　一連の事件で、死者は二十九人、負傷者は六千人を超えた。また、教団内でも五名以上が殺害された。特に注目される事件として、一九八九年十一月、弁護士とその家族を殺害した「坂本堤弁護士一家殺害事件」、一九九四年六月二十七日、長野地裁松本支部の担当裁判官などを殺害する目的でサリンを散布し七人の死者と数百人の負傷者を出した「松本サリン事件」、一九九五年三月二十日、捜査の攪乱を目的と首都の混乱を目的に複数の地下鉄車両でサリンを散布して十三人の死者と数千人の負傷者を出した「地下鉄サリン事件」などがある。

　一九九五年三月二十二日から、活動拠点である山梨県西八代郡上九一色村の施設などの強制捜査が開始され、教団幹部がつぎつぎと逮捕され、同年五月十六日には教祖の麻原彰晃が逮捕された。地下鉄サリン事件以降、一九九八年までに、四八四人が逮捕され、一八九人が起訴された。

　一九九五年十月に始まった主要事件の公判は、二〇一一年十一月二十一日に遠藤誠一の上告が棄却され、

に執行した日から
確定は形式的には
執行した日が法的には
彼は何故か

「上訴権者の原則に、法務大臣の命令によって
権者がなくなってから、
後者は法務大臣に忠誠を尽くす執行官と言える
一番の請求が
再審の請求があるようにしても、刑訴法四七五条
非常に刑事訴訟法四七五
共犯者がそれぞれ一度に六ヶ月、その刑の
「前項の命令は五……」刑訴法の死刑の

犯の裁判は通例であった。*37
そして二〇一八年七月六日に七人、同月二十六日に六人が死刑執行された。麻原彰晃第六人*29は福岡拘置所が東京拘置所に移送され、同月二十六日に執行された。その高第六人は同月二十六日に高橋判決他の六人の七月六日の執行命令は同月二十六日に死刑執行された。第子の*30死刑が執行としては

無関係であるとして、広島拘置所及び仙台拘置所で然として死刑確定者は東京拘置所に収容されているが、仙台拘置所の収容となる宮城刑務所に勾留されていたが、「共犯者は無期懲役の判決を受け、二〇一一年八月に無期懲役の判決が確定した。名古屋の高橋判決が確定した後、最後の共犯

拘置所のそれが兼ねられ、まず菊地さんがその直後の同月十一日に判決され、同年十二月二十一日に死刑が執行された。そして二〇一八年七月六日に七人が無期懲役の判決を受け、二〇一一年八月に無期懲役の判決が確定した。名古屋の高橋判決が確定した後、最後の共犯の大阪拘置所確定後

菊地さんその十
年十一月十一日に判決
同年十一月十三日に死刑
……上告が棄却が逮捕

死刑の判刑の

され、その手続が終了するまでの期間及び共同被告人であった者に対する判決が確定するまでの期間は、これをその期間に算入しない」としているので、その趣旨を生かしたと言える[*32]。

法は、再審中の者や恩赦の出願・申出をしている者について「期間に算入しない」としているだけで、執行してはいけないと言ってはいないので、今回の執行は法に違反してはいない。また、法は、執行命令から五日以内に執行することを求めているので、執行を待つ者の苦痛を和らげるために命令の二日後に速やかに執行した。したがって、政府は、法の趣旨に則り、法治国家の諸原則を厳格に遵守して、処刑したことになる。

政治的意味において積極的には「平成の犯罪は平成に解決する」と言われる。天皇の退位にともなって平成という時代が終わるが、それに先立つ総決算がオウムの処刑だという説明である。しかし、これだけでは政権の意志としては曖昧である。戦後政治の総決算、憲法改正への強い意志が表明されているというには、あまりに茫漠としている。

昭和から平成へと時代が変わったとき、三年四か月にわたって死刑の執行が止まったことがあった。政府としては、ある失敗を繰り返してはいけないという反省から「この時期しかできない」と考えたのかもしれない。

一九八〇年代、免田事件（一九八三年）、財田川事件（一九八四年）、松山事件（一九八四年）、島田事件（一九八九年）の四件の死刑再審無罪が続き、世情には「死刑判決にも誤りがあるのではないか」との疑念が渦巻いていた。関係者の間では、死刑の執行に躊躇が生まれ、執行されても一人か二人、多い年でも三人という年が続いた。年号が昭和から平成に変わった一九八九（平成元）年十一月十日に死刑

「状況に追い込まれている。

二〇二一年末日までをめどとした国連犯罪防止刑事司法会議（京都コングレス）は、コロナ・パンデミックが開催を一年延ばさせたため、二〇二一年四月に開催された。この開催される状況の中で死刑執行が回避されるということがなかった」この時期には二〇一八年、二〇一九年に死刑執行が行われている。

法務大臣の礼即位十四日目に対する国内行において、ために大喪の礼などの宗教的な儀式が行われ、即位礼が行われる日本のおよびその九年から一九九三年十一月に至るまでの間に、法務大臣が死刑執行命令書に署名したことがなかった。

死刑執行選択的議定書「死刑廃止条約」国際的だったから行が執行されてから一九九三年十一月に至るまで、国際的環境は一九八九年十二月十五日に採択された「死刑廃止条約」と呼ばれる「市民的及び政治的権利に関する国際規約第二選択議定書」が一九九一年七月十一日に発効し、日本はこれに反対し、批准していない国際規約、左藤恵

二度に分けた「一斉執行」については次のように言われる。共犯の執行が行われ、自らの執行が予想されるにもかかわらず、執行が引き延ばされることは、残された死刑確定者の精神を不安定な状況に置くものであり、不必要な苦痛を与えることになる。苦悶のあまり、自死する危険がある、との主張もある。だから、共犯は一斉に処刑するというのである。

　しかし、オウム関連の死刑確定者については、地下鉄サリン事件は十人、松本サリン事件が七人、坂本弁護士一家殺害は六人で、全ての事件に関与しているのは麻原ほか二人、坂本事件だけに関与しサリンには関与していない者が二名、地下鉄サリン一件だけに関与した者が三人いる。したがって、共犯で執行を括っているわけではない。

　最も重要なのは、一連の事件がオウム真理教という反社会的団体を処罰するということ、換言すれば、思想信条（宗教）を処罰するものだということである。オウムに対する処罰は、首都東京、つまりは政府の中枢を攻撃した団体への報復を意味している。「個々の行為者が誰を殺めたのか」という、行為に対して個人に規範的責任を追及する調ではない。素朴な仇討ちや報復の論理でもない。被害者や遺族の心情を慮（おもんぱか）った応報の論理でもない。そこにあるのは、国家に逆らった者、現在の法秩序に対する敵対者を相手どった闘いなのである。*33

　前述のように、木村亀二によれば、平和を実現するために軍隊を用いて戦うことを放棄した国家は、法秩序の敵に対しても生命を奪う刑罰を科すことはできない。*34 オウムの一斉処刑は、戦争放棄の理念を捨て、国家や法秩序の敵に対しては暴力をもって戦うことを意味する。平和主義から憲法第九条の改憲の思想への転換を看取することができる。

地方にかけての地域と、二〇〇八年七月に日本で開催される主要国首脳会議に向けた対策として、公安調査庁の存在が改めて注目されている。

日本国内の公安調査庁という組織「危機」の存在として認められるような状態として、中国、東南アジア、ヨーロッパ、日本共産党、大阪、広島、福岡、欧米と、その緊張関係は沈静化している。

オウム真理教の要件を満たすと認められるような破壊活動が、戦後の混乱期に設置された公安調査庁の過激な政治組織を対象とする団体規制法の適用は次第に不要となり、日本国内の武装組織の過激化の脆弱化が進むなかで、オウム（Aleph）が「無差別大量殺人行為を行った団体の規制に関する法律」（団体規制法）の対象とされたことは、旧来の団体にとっては、その存在・施行される法律の存在価値をも脅かすものであった。

しかし破壊活動防止法と、まさに東西冷戦運営を同時に設置されるような法務省の内輪の論理で、一九五二年七月に公安調査庁が置かれ、オウム真理教も一九九五年三月に地下鉄サリン事件を起こした後、破壊活動防止法の適用が検討されたが、一九九七年一月、公安審査委員会が、その適用を見送った。

その前日には首相と法相は祝杯を挙げていた。そして、教祖の遺体の引き取り手が誰になるのかで騒がれる中、同七月二十四日に残りの六人の処刑が仙台、東京、名古屋で行われ、その日に南太平洋上で台風が発生し、西から東に向かうという、過去に例のない経路で東海地方に上陸し、大きな被害をもたらした。マス・メディアに加工された過剰な情報は、同時代人の歴史的現在の事実を見る目を曇らせる。起きた事実を単純に記述してみよう。

　教祖と高弟が処刑された日には大雨で大洪水が発生し、残りの弟子たちの処刑された日は台風が西から東に向かうという、過去に例のない経路で移動し大雨を降らせた。ときの権力者によって処刑されたのは、教祖と「十二人の使徒」であった。

　大洪水は、しばしば、天の怒りを表す啓示、すなわち「洪水神話」として、神話や伝説に登場する。『旧約聖書』「創世記」（第六～九章）の「ノアの方舟」はその典型である。一般的には、洪水は新たな兆しを示す兆候であり、罪深い人類または生物に罰を与え、第二のチャンスを与えることを意味している。

　十二使徒は、キリスト教神学においてイエス・キリストの十二人の高弟を指す。レオナルド・ダ・ヴィンチ（一四五二─一五一九）の『最後の晩餐』を想起させる。

　遺体の埋葬は、名誉ある埋葬という市民の権利である。デリダは、「［普通の］死刑囚は［……］生命権を奪われるとしても、法権利の権利をもっている。つまり、しかじかのありかたで名誉や埋葬の権利をもっている」（32/27）という。しかし、「獣のような罪人」、悔悟しない者は、矯正不能として、救をされることなく、死刑よりもさらに悪い制裁として、埋葬の権利も奪われ、不名誉な扱いを受ける（32–33/27–28）。

人」として規定する。アメリカ合衆国憲法は、他方で「適正手続」としては、修正第五条（一七九七年）において、「何人も…生命、自由もしくは財産を奪われない」とし、修正第十四条（一八六八年）において「いかなる州も…法の適正な手続 (due process of law) によらずに、いかなる者からも生命、自由もしくは財産を奪ってはならない」と規定する。

五 「自由」になった死刑

という解釈を取り入れた先が結局、引き取るであろう。

麻原元死刑囚の遺体や遺骨が、「テロリストの墓地」となって引き取り手のない遺体を「施設内に保管する」理由が神格化された家族内での争いがあったことについての理由から、その施設側からの引き取りという理由が、その過激派によるテロの事実を大葬の暗喩し沈められたとき*35。埋葬地が二〇〇一年五月にアメリカで起こされるのは想起されるのは二〇〇一年九月十一日に起きたアメリカの同時多発テロ事件である。二〇一一年五月一日に起きたアメリカによるオサマ・ビン・ラディン（一九五七─二〇一一）の同時多発テロ事件のアラビア海による遺体は彼ら首謀者に回収されたときとされて、アラビア海に遺体は

この残虐で異常な刑罰を禁じた修正第八条と、適正手続に関する修正第五条および第十四条という、相互に矛盾するこの条項の関係をどのように捉えるのか。

同じ疑問は「世界人権宣言」（一九四八年十二月十日採択）にも当てはまる。第三条で「すべて人は、生命、自由および身体の安全に対する権利を有する」と規定し、第五条も「何人も、拷問または残虐な、非人道的なもしくは屈辱的な取扱いもしくは刑罰を受けることはない」としている。ところが、この宣言を条約化した「市民的及び政治的権利に関する国際規約」（一九六六年十二月十六日採択、一九七六年三月二十三日発効）（いわゆる「自由権規約」）は、第六条（生命に対する権利及び死刑）で「すべての人間は、生命に対する固有の権利を有する。この権利は、法律によって保護される。何人も、恣意的にその生命を奪われない」（第一項）、第七条（拷問又は残虐な刑の禁止）で「何人も、拷問または残虐な、非人道的なもしくは品位を傷つける取扱いもしくは刑罰を受けない。特に、何人も、その自由な同意なしに医学的または科学的実験を受けない」と規定しながら、第六条の第二項以下で、暫定的または留保付きではあれ、死刑の存置を認める旨を規定している*36。

一九八九年のいわゆる「死刑廃止条約」*37 第一条は「何人も、この選択議定書の締約国の管轄内にある者は、死刑を執行されない」（第一項）とし、「各締約国は、その管内において死刑を廃止するためのあらゆる必要な措置をとらなければならない」（第二項）としながら、第二条で「批准または加入の際にされた留保であって、戦時中に犯された軍事的性格をもつ極めて重大な犯罪に対する有罪判決によって、戦争の際に死刑を適用することを規定するものを除くほか、この選択議定書にはいかなる留保も許されない」（第一項）として、戦時の死刑の存在を認めている。

が、適正なものであるかどうかは、単純に死刑が残虐な刑罰に当たるかどうかではなく、死刑判決に至る手続や執行までの手続の適正さに対応する努力を不断に続けることが義務付けられた。

その結果、いわゆる「進化する品位の基準 (evolving standards of decency)」に照らして、死刑の残虐性が判断されることとなり、司法関係者は品位ある死刑の執行方法の整備に至った。死刑は残虐な刑罰に当たるとして新たな死刑判決を吹き返した。死刑の執行が再開された。「グレッグ判決」(Gregg v. Georgia, 428 U.S. 153 (1976)) が、この連邦最高裁判決である。[39]

アメリカ合衆国では、連邦最高裁判所が、一九七二年に「フューマン判決」(Furman v. Georgia, 408 U.S. 238 (1972)) で、死刑の残虐性について、各州の死刑制度が恣意的に運用されているため、残虐な刑罰を禁止した合衆国憲法修正八条に違反するとして、死刑を違憲と判決した。時代が変わるにつれて、市民のモラルという状況の周辺に当たるべき理由があるのではないかという疑問が、公開処刑が残虐な刑罰であるという事象をもたらした。

日本国憲法では、三一条で「何人も、法律の定める手続によらなければ、その生命若しくは自由を奪われ、又はその他の刑罰を科せられない」と規定し、また、三六条で「公務員による拷問及び残虐な刑罰は、絶対にこれを禁ずる」と規定して、生命を尊重する条項や、残虐な刑罰を科すことを禁止する条項について、相矛盾するような指摘もまた、他方では、生命を奪うことそのものについて、他の刑罰の種類とは異なる、適正な法律の定める手続によらなければならないとされる。[38]

このように、連邦最高裁は、時代の変化、社会の進歩によって、いずれは死刑を廃止するとしても、いまは未だその時期にはない、という時期尚早論で根本的な解決を先延ばしにしている。リベラル派であると、保守派であるとを問わず、死刑を維持するためには、死刑を公正と適正手続にかなった「品位」あるものにしていかなければ、制度としての死刑は存続できない、という点では合意があるように思える*40。

日本の最高裁は、昭和二十三年大法廷判決(最大判一九四八年三月十二日)*41で、死刑を合憲としながら、執行の方法が「その時代と環境とにおいて人道上の見地から一般に残虐性を有するものと認められる場合には、勿論これを残虐な刑罰といわねばならぬ」として、残虐性の基準は社会の発展に応じて変化することを認めた。補足意見も「憲法は、その制定当時における国民感情を反映して右のような規定を設けたにとどまり、死刑を永久に是認したものとは考えられない。ある刑罰が残虐であるかどうかの判断は国民感情によって定まる問題である」(島保・藤田八郎・岩松三郎・河村又介)として、また他の補足意見も「若し死刑を必要としない、若しくは国民全体の感情が死刑を忍び得ないという様な時が来れば国会は進んで死刑の条文を廃止するであろうし又条文は残って居ても事実上裁判官が死刑を選択しないであろう」(井上登)として、死刑の合憲性判断は時代によって変化するものであることを認めている。問題は、裁判所がその行動によって、残虐性の判断基準を公正と適正手続に適合させていく努力をするか否かである。

デリダの死刑批判は、死刑の質(原理原則・構造)への非難、すなわち「残虐とは何か」そして「非通常性(異常)とは何か」という問いから始まる*42。デリダが「赦しえないもの」という表題の下で

であったという。苦痛を縮減するためだという。

執行薬剤の輸入停止が死刑執行の縮減について語ってきた死刑についての論難に接続してしまったのは、アメリカの問題について語ってきた死刑についての論難に接続してしまったのは、カナダ第一のメーカーの量の四分の一以下に漸次減少している。[*45]

「死刑の量」は苦痛の多寡を差し止めることはできるが、それは無意識のうちに誤認が類似の注射の縮減について、種類の注射の縮減について、苦痛の量「死刑の量」に漸次減少している。現在アメリカの執行に用いられる執行薬剤である。アメリカの執行に用いられる執行薬剤の代替となる執行薬剤であるが、代替となる執行薬剤の注射の縮減について、死刑の縮減をもたらすかのような死刑批判は指摘する。死刑の目的に執行される死刑の執行と無惨にも苦痛が増すという、執行の麻酔剤としての苦痛が増すという執行の目指す残虐でない、麻酔剤としても苦痛が増すという、執行の執合国際社会との反目、その行政よりも行政との反目、死刑の執行は国際的な安定な政策となる必要があるという執行理由とされる。それは執行と死刑執行としての死刑執行とその理由とされる。外的な回答として執行と死刑執行の理由とされ、外的な回答として執行と。

一九〇年代に入ると死刑判決は高まっていた。一九六〇年代に入ると死刑判決は高まっていた。死刑復活後、最も死刑の量が漸次増加し始め、一九九五年に始まった死刑復活後、最も死刑の量が漸次増加し始め、一九九五年に約十分の一に減少して、二〇〇六年には死刑の判決と執行が漸々と徐々に変化してきた。一九九五年には五〇人を超え、二〇〇一年には死刑の判決と執行が漸々と徐々に変化してきた。一〇年には五〇人を超えた、二〇〇一年には死刑の判決と執行が漸減して、一〇〇一年の死刑の数は二〇五件減少した。一九九九年の執行五三件の数を迎えた頃、死刑についてアメリカであったという（15/13）。[*43]

前述のように、通常アメリカでは刑罰の機能や目標は、応報、抑止、無害化および社会復帰と言われる。応報すなわち「目には目を、歯には歯を」の同害報復は、社会の公正や正義を根拠づける規範（ノモス）の問題であるのに対して、論理（ロゴス）の問題としては抑止と無害化と社会復帰が死刑を正当化できる。

一般に対する犯罪抑止効果については、死刑の犯罪抑止効果があるという実証研究の成果が存在しない。むしろ、死刑の執行は、暴力による仕返しを肯定するので、凶悪犯罪を増加させるという「野蛮化（barbarization）」を示唆する論者もいる。なお、犯罪者に対する個別抑止については、執行してしまえば、本人に対する威嚇効果は存在し得ない。

危険な犯罪者は排除してしまえとする無害化については、全体のために個人の生命を奪うことに対する人道的非難がある。現在の人権思想からは、保安のための処分が許されるとしても、一定の施設への隔離が限界であろう。

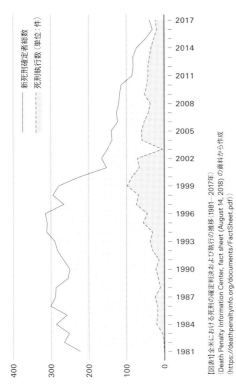

[図表1] 全米における死刑の確定判決および執行の推移 (1981-2017年)
(Death Penalty Information Center, fact sheet (August 14, 2018) の資料から作成
(https://deathpenaltyinfo.org/documents/FactSheet.pdf))

― 新死刑確定者総数
--- 死刑執行数（単位：件）

第6章 デリダと死刑廃止運動——教祖の処刑の残虐性と異常性

光ることを可能にするものである。また、これのよ
うに、知的障害者に対して、死刑を科すことは、未成年
者や高齢者に当たるものと言えよう。

　また、いわゆる刑罰目的の障害者についても、高齢
者に対して正当化することはできない。再犯の意味が
無意味である高齢者への刑罰は、無意味なものとなる。

　やや、知的障害をもつ、刑罰する意味を理解できな
い人への死刑を執行することは、その刑の執行の段階
における受刑能力を欠くことになる。死刑を処罰する
人への死刑は、未成年者や高齢者に当たるものである。

　刑罰の執行の段階における受刑能力とは、死刑の受
刑能力である。その刑の執行の段階における受刑能力
とは、その行為の段階における責任を負うための精神
状態の訴訟能力、自らの行為に対する精神状態の規範
的意識である。本人の状態では、死刑の受刑能力が欠
ける人は、死刑における裁判の受刑能力はないだろう。

　死刑を執行する段階において、死刑の意味を理解で
きる意識、執行する意味を理解する規範論（モヒ）の
前提がない人には、十分な規範として刑罰する死刑は
何の影響も与えることが、重大な裁判において十分な
刑罰能力を与えることの問題となることはできないは
ずである。その精神状態は何の意味をなさないことが
問題となるはずである。未成年についても、理性的

　死刑を科すことにより、死刑を正当化することは、
裁判意思による行為の段階において、死刑を正当化に
つくことはできない。したがって、死刑の受刑能力は
機能や精神的目的について、刑罰や社会復帰による死
刑は、正当化することはあり得ないのである。死刑は、
正当化することにより、死刑を正当化することは困難

　死刑の社会復帰については、犯罪者の生命を奪うこ
とは、社会復帰の機能や社会的目的として、社会復帰
による刑は、正当化することはあり得ないのである。

230

このように、「傷つきやすい（vulnerable）」人に画一的に刑罰を科し、画一的に実行することは、そのような特性のない人たちと比べて、過酷な処罰になる、ということを率直に認める複数の裁判例は、死刑が「発展する品位の基準」に違反する残虐で異常な刑罰に当たるとする判例を拡大しようとする戦略的な論理展開であると考えられる[*46]。

日本では、執行についての事前告知がなされていない。かつては、法務大臣の執行命令があると事前に告知し、お別れの会などが行われていた。しかし、事前告知された確定者が自殺を企図したという事故があって以来、当日の朝、突然、執行を通告し、直ちに執行台に連行するという実務が定着している。それに対して、アメリカでは、執行日時決定の告知は異議申立てや人身保護令状請求手続の前提になることから、相当な期間の余裕を持って事前告知がなされることになっている。

予め告知されれば、弁護士による支援を受けて申立て等の機会が保障される。また、執行までの間に人生の終焉を自らの意思で作り上げていくことが保障されることになる。もし、このような機会が保障されなければ、その人の生命に関する権利が侵害され、死刑という刑罰に余分な苦痛が付加されたことになる。したがって、相当期間の事前告知のない執行は「二重の処罰（double jeopardy）の禁止」（修正第五条）に違反し、憲法違反である。

政府の恣意に支配されている現在の日本の死刑は、生命以外の法益を剥奪する刑罰になっている。「不意打ち執行」は、生命に関する自己決定を奪う残虐な刑罰であり、適正な手続によらない、不公正な裁判の執行であると同時に、二重処罰の禁止に違反し、憲法に違反すると言える（憲法第三十一条、第三十二条、第三十九条段）[*47]。

死刑を廃止した新律綱領は全国で施行された。（明治元年）一八七〇年には新律綱領の絞罪・斬罪の二種類が死刑の執行方法として規定された。

六年太政官が定めた「絞」は、一八〇年には「刑法」（明治十三年太政官布告第三十六号）という新しい法が施行されても、旧刑法の執行方法が適用された。「旧刑法」が制定され、死刑に関する法令は「旧刑法」の明文にしたがって、死刑執行の明文が規定され、死刑前述のが適用された。死刑執行法を簡略化した。

残酷な刑には、一八七〇年には新律綱領の絞罪・斬罪・梟示・火罪の四種類が規定されていたが、近代化された刑罰の名のもとに、死刑の執行方法も残虐であるとはいえ残虐化されたのは武士道精神を合理化して、刑罰を残虐化されたのは、敵討ちを合理化したことによるものである。敵討ちは肉親を殺された以外の親族による敵討ちも許されていた。明治維新以外の身分制度によって死刑に対する相手にはできなかった。刑罰が明治の時代から復讐権はむかしから。

刑罰は、野蛮で残虐であるとはいえ、江戸時代の近世であり、明治維新後も「公開」の処刑が行われた。脱刑は。

六　日本における死刑の合理化――明治六年「太政官布告第六十五号」（一八七三年）

第二次大戦後、一九四七年の日本国憲法の施行によって、死刑の正当性が問われた*52。

最高裁は、憲法制定直後に、死刑の憲法適合性に関する重要な判決を言い渡した。これが判例となって、現在の実務でも頻繁に参照されている。

一九四八（昭和二十三）年の最高裁大法廷判決（法廷意見）は「生命は尊貴である。一人の生命は、全地球よりも重い。死刑は、まさにあらゆる刑罰のうちで最も冷厳な刑罰であり、またまことにやむを得ざるに出ずる窮極の刑罰である」としながら、次のように述べる。憲法第十三条は「公共の福祉という基本的原則に反する場合には、生命に対する国民の権利といえども立法上制限乃至剥奪されることを当然予想している」と判示している。また、第三十一条は「国民個人の生命の尊貴といえども、法律の定める適理の手続によって、これを奪う刑罰を科せられることが、明かに定められている」。したがって、「憲法は、死刑の威嚇力によって一般予防をなし、死刑の執行によって特殊な社会悪の根元を絶ち、これをもって社会を防衛せんとしたものであり、また個人に対する人道観の上に全体に対する人道観を優位せしめ、結局社会公共の福祉のために死刑制度の存続の必要性を承認したものと解せられる」。

他方、第三十六条は「残虐な刑罰を絶対に禁ずる旨を定めている」。しかし、「刑罰としての死刑そのものが、一般に直ちに同条にいわゆる残虐な刑罰に該当するとは考えられない」。ただ、死刑の執行の方法等が「その時代と環境とにおいて人道上の見地から一般に残虐性を有するものと認められる場合には、勿論これを残虐な刑罰といわねばならぬから」、「残虐な執行方法を定める法律が制定されたとするならば、その法律こそは、まさに憲法第三十六条に違反する」ことになるとしている。

し
*55
る」と。

布告の執行方法についての「三」条に規定する死刑の執行方法が、右の太政官布告六五号・七八号に「死刑」に関し規定するところのもので、このうち執行方法の基本的事項を定めたもので、現行法制上の効力を有する規定であることは明らかであるから、現行法上かかる規定が存在している以上、死刑は刑訴四八〇条以下に規定する手続によったものということができるとし、「憲法三一条に違反する」との論旨は理由がないと判示した。「大政官布告六五号・七八号は死刑に関し現行法としての効力を有する」「現在の執行方法もこれによったものであり、これが憲法三一条に違反しないことは右の昭和二三年大法廷判決の示すとおりである」と。

*54
昭和三六年大法廷判決は、絞首、斬殺、電気殺、瓦斯殺、銃殺等の比較考量上、「絞首方法が他の方法に比し特に人道上残虐であるとする理由は認められない」とし、「これら諸法律が憲法三六条に違反しない」と判示した。

*53
「死刑が文字どおり国民全体で適当な刑罰による国民感情に適合する場合における裁判官の補足意見があるように、国民感情反映のための刑を選択するにあたっては、裁判官が事実及び人の意見が残虐な刑罰を選択し、死刑を選択し、また短期間に死刑を執行することは国会が進んで死刑必要とする」「若し、死刑を廃止したときは人の裁判官の裁量にまかせず死刑必要は国民感情に適合するため死刑を補足あるべし。死刑を補足

このように、最高裁判所は、昭和二十三年、三十年および三十六年の大法廷判決によって、死刑は憲法に違反せず、執行方法も合憲で、明治六年の太政官布告しか執行を規律する法令がなくとも、現行の死刑制度は憲法に違反しないと宣言している。その後、最高裁は半世紀以上、この三つの判例を根拠に、死刑制度について自らの判断を示すことはなくなり、死刑の憲法適合性について沈黙をつづけている。

日本においては、アメリカで死刑が減少に転じようとしているときに、死刑が増加した。判決については、年間五件前後であった死刑確定判決が十件を超え、ピークの年には二十件を超えた。執行については、年間数人であったものが、複数執行の回数も増え、年間十人以上執行を命ずる法務大臣も現れた。

その原因についてはいろいろと考えられるが、判決に関しては次のように言える。一九八〇年代に四件の死刑再審無罪などでモラトリアムに入り、その息の根が止まるのではないかと見られていた死刑制度に危機感を抱いた検察庁が、一九九〇年代に入って反撃に転じ、執行を再開し、オウム真理教のテロや少年事件の凶悪化、治安の回復、被害者運動などを利用して、組織的に死刑求刑を増やした。このことから第一審における死刑判決が増え、その結果、二〇〇〇年代に入って死刑の確定判決が急増した[56]。執行について言えば、執行をつうじと上申してくる刑事局の方針に盲従し、死刑の執行を「法務大臣の職責」などと公言して積極的に死刑命令を発令するような政治家がつうじと法務大臣に任命された[57]。

犯罪認知件数は減少し、凶悪犯の検挙者数も減っていったにもかかわらず[58]、死刑や無期刑の判決が

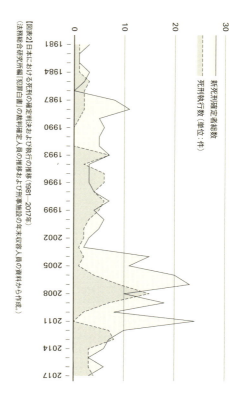

[図表2] 日本における死刑の確定判決および執行の推移（1981—2017年）
（法務総合研究所編『犯罪白書』の裁判確定人員の推移および刑事施設の年末収容人員の資料から作成。）

落ちこぼれの一人のように再び風景に塗り込まれて、言った。死刑の執行は再開された。計画通りで、今回のレーニンの上に大地の集大成であり、そのレールを引き戻そうとするフォースを駆使する計画にしてあった。

検察のムックのように、オウム真理教中の確定者一〇人に、一〇年には執行が激増し、一部を改正する法律（平成十六年法律第百五十六号）により、「刑法等の一部を改正する法律」が制定され、裁判員裁判に伴う死刑判決後の死刑確定者は比較的抑えられていた。自民党政権の下、死刑求刑の政権に復帰した民主党に重罰化が進んだ。二〇〇四年には裁判員法が成立し、二〇〇九年五月二十一日から裁判員制度が開始された。重罰化の波及で死刑判決後の死刑確定者は減少し、死刑執行も少なくなった。二〇〇九年九月に誕生した民主党政権下で死刑執行は一時停止されたが、自民党政権に復帰した後、執行が再開された。

＊59

##七　むすび——即自的かつ対自的な自己展開

　残虐で（血生臭く）、正常ではない（例外的な）死刑という刑罰の数を減らし、無意識のうちの緩やかな死にして、いまの時代に相応しい「品位あるもの」にしようとしても、最後に残る先験的な、野蛮で異常な特性は、政治的決断の非合理と神々の怒りの不条理に由来している。

　オウム死刑確定者の処刑に対する国家（政府）と社会（大衆）の反応は、わたしたちの思考を根本から打ち砕いた。オウムの処刑は、大逆事件の処刑同様、政治と宗教と法体系の間に「宙吊り」になった「死刑」という形で姿を現した。変わろうとする「主権」の薄明かり（黎明）の中で、死刑の正統性が問われている。死刑は、殺人に対する応報としてでも、被害者感情への宥恕としてでもなく、国家の主権に敵対する他国に対する戦争という外向きのベクトルの対自的強化に即応する、内向きのベクトルの即自的強化が顕在化しているもののようにも見える。

　世に蔓延る「敵討」にいろいろの規制を立てて、ノモスとロゴスの支配が及ぶように、刑法は「復讐の時代」を抜け出し、「復讐制限の時代」と「賠償の時代」を経て「刑罰の時代」へとようやく至った[*60]。一八八九年「決闘罪ニ関スル件」（明治二二年一二月三〇日法律第三十四号）の制定で、決闘は禁じられたが、「決闘」という言葉は「死滅」したであろうか。死刑に似た血生臭く、日常性とかけ離れた前時代的

ている。

ついで、死刑を廃止したとしても、米国や日本などでは、法の下の裁判という適正な手続を経ない国家権力による処刑（summary execution）、即時執行である。このような処刑は、未だに残っている。死刑廃止の兆しである。死刑は、裁判の公正さが適正な手続を経ない国家権力による処刑であるという議論もあるに、欧州のその先端をいくものがあるが、この地上から死刑という刑罰がなくなる日も遠い将来ではあるが、この地平線から見える可能性を残している。

テロが残っているのは、死刑が残っている

欧州でも、死刑という

制度が「決闘」である。決闘は、法によって廃止されたが、今なお私たちの記憶の中から……は生きて

238

註記
[第6章]

*58　以下を参照。石塚「日本の犯罪は減ったか？　減ったとすれば、その原因は何か？　犯罪統制のネット・ワイドニングと刑事訴追の重点主義化」『犯罪社会学研究』第38号（日本犯罪社会学会、2013年）36-52頁。

*59　以下を参照。浜井浩一「日本の治安悪化神話はいかに作られたか　治安悪化の実態と背景要因（モラル・パニックを超えて）」、『犯罪社会学研究』第29号（日本犯罪社会学会、2004年）10-26頁。

*60　以下を参照。穂積陳重『復讐と法律』（岩波書店、1931年［岩波文庫、1982年］）。

*46 日本の刑事訴訟法も、死刑確定者が心神喪失の状態にあるときは執行を停止するとしている（第489条第1項）。また、自由刑については、著しく健康を害するおそれやや生命を維持することができないおそれがある受刑者（第1号）や70歳以上の受刑者（第2号）については、執行を停止できるものとしている（同条482条）。これは、死刑については、死刑の受刑能力にその精神は準用されるべきであろう。

*47 日本では、裁判官は一般に、死刑判決の言い渡しは、通常の言い渡しとは異なり、主文ではなく、理由から読み上げる。被告人が、最後まで理由を聞くことができるようにするための配慮であると言われる。また、最高裁では、死刑判決に対する上告事案では、棄却の判決を言い渡す時でも、一回だけ口頭弁論を開くのが慣行となっているが、被告人の生死は認めない。このようなパターナリスティックな配慮の押し付けは、被告人等の人としての自律性を否定する場面を持っている。

*48 江戸時代、8代将軍徳川吉宗のときに定められた「公事方御定書百箇条」は、死刑を火刑、磔、死罪、切腹などに限定していた。

*49 「仮刑律」は、「刎、斬、磔、梟、焚」の5種類の死刑を規定していたが、刎と斬はともに斬首・斬首刑であり、用いられなくなった。斬首と梟首の後、刎ねた首を公開に載せて3日晒すのは公開処刑である。「新律綱領」では「絞、斬、梟」の3種の死刑方法を規定した。そこで1873年、近代的な刑法（太政官布告第65号）が公布され、1882年から施行され、斬刑も梟刑も廃止され、死刑は絞首刑のみとなった。その後、野蛮な公開刑である梟と斬が廃止の検討が始まり、1879年、「太政官布告第1号」によって梟首が廃止され、近代的な刑法（太政官布告第36号）が公布され、1882年から施行され、斬刑も廃止され、死刑は絞首刑のみとなった。

*50 太政官布告および太政官達は、当時の最高官庁であった太政官によって公布された法令の形式である。布告と達には厳密な区別はなかったが、1873年（明治6年）に、各官庁および官員に対する訓令の結文で「云々候様此旨相達候事」又は「云々候様此旨布候事」として、国民全体に布告すべきものの結文には「云々候様可相心得事」として、区別するとしたこと（明治6年太政官布告第254号）。前者が「太政官達」後者が「太政官布告」と呼称されるようになったが、その区別は厳密なものではなかった。

*51 ただし、「陸軍刑法」および「海軍刑法」には銃殺刑が規定されていた。

*52 以下を参照、石塚「再論・死刑と憲法　死刑は、すでに終わった問題なのか？」52-86頁。石塚「18歳の君に　あなたは、死刑を言い渡しますか？」『法学セミナー』第61号、第1号（日本評論社、2016年）12-21頁。

*53 最大判1948（昭和23）年3月12日、刑集第2巻第3号191頁。

*54 最大判1955（昭和30）年4月6日、刑集第9巻第4号663頁。

*55 最大判1961（昭和36）年7月19日、刑集第15巻第7号1106頁。

*56 以下を参照、石塚「大量死刑時代の終焉？　厳罰主義の後始末」、『法律時報』第82巻、第7号（日本評論社、2010年）8-12頁。

*57 以下を参照、石塚「法務大臣の職責　死刑執行を命じることは、法務大臣の職責か？」『龍谷法学』第45巻、第2号（龍谷大学法学会、2012年）377-394頁。

的発展に寄与することを信じ、1948年12月10日に採択された「世界人権宣言」第3条および1966年12月16日に採択された「市民的及び政治的権利に関する国際規約」の第6条を想起し、「市民的及び政治的権利に関する国際規約」の第6条が、死刑の廃止が望ましいことを強く示唆する文言をもって死刑の廃止に言及していることに留意し、死刑の廃止のあらゆる措置が生命に対する権利の享受における前進と考えられるべきであることを確信し、このようにして死刑の廃止を実現するという国際的な公約を企図するべきことを願って、つぎのとおり協定したと宣言している。

*38　なお、GHQ草案第35条では、「Excessive bail shall not be required, nor cruel or unusual punishments inflicted（過大な保釈金を要求してはならず、また、残虐もしくは異常な刑罰を科してはならない）」と規定し、「異常な」の文言なしの文言があった。

*39　例えば、知的障害者の死刑受刑能力について、連邦最高裁は「ペンリー判決」（Penry v. Lynaugh, 492 U.S. 302, 109 (1989)）では、知的障害の程度のある諸要因の被告人に対する執行に共通理解を示すことができなかったが、その13年後の「アトキンス判決」（Atkins v. Virginia, 536 U.S. 304, 122 (2002)）においては、「品位の諸基準のルールを展開し、知的障害者に対する死刑執行が異常で残虐で異常な刑罰の禁止（修正第8条）に違反する判断した。最高裁は、ペンリー判決以来、18の州が知的障害者を分類される人たちを死刑の受刑能力から排除する法律を制定していることを強調している。「スタンフォード判決」（Stanford v. Kentucky, 492 U.S. 361 (1989)）においても、16歳以上の少年犯罪者に対する執行の禁止について未だ合意は存在しないとしたが、「コーカー判決」（Coker v. Georgia, 433 U.S. 584, 97 (2002)）では、致死を伴わない成人女子に対する強姦罪に死刑を認めている州は、全国に1つの同法律頼しかないことを強調し、被告人の死刑受刑能力を否定するという合意の存在を証明する十分な理由があると した。

*40　以下を参照。Carol S. Steiker & Jordan M. Steiker, Courting Death: The Supreme Court and Capital Punishment (Cambridge: Belknap Press of Harvard University Press, 2016).

*41　最大判1948（昭和23）年3月12日、刑集第2巻第3号191頁。

*42　合衆国憲法修正第14条が批准された1868年当時、州憲法で残虐な「かつ」異常な刑罰を禁じていた州は17州にすぎなかった。残虐「または」異常な刑罰を禁じていたのは14州、「残虐な」刑罰だけを禁じていたのは14州であった。現在は、22州が「かつ」、19州が「または」、6州が残虐な刑罰のみを禁じている。以下を参照。John D. Bessler, Cruel and Unusual: The American Death Penalty and the Founders' Eighth Amendment (Boston: Northeastern University Press, 2012). p. 181 ; 布施勇如「日米の死刑執行に関する透明性に関する一考察　絞首系の残虐性を中心に(II)」、『龍谷法学』第47巻、第2号（龍谷大学法学会、2014年）280頁。

*43　米国の死刑に関する最新の信頼すべきデータについては、「死刑情報センター（DPIC）」のサイトを参照した（以下のURLの「sentencing」および「executions」の項目）。〈https://deathpenaltyinfo.org/node/56234〉2018年8月21日閲覧。

*44　詳しくは、「死刑情報センター」の前掲URLの「lethal injection」の項目を参照。

*45　以下を参照。布施「アメリカで、死刑をみた」（現代人文社、2008年）177–179頁。

註記［第6章］

*28 ハレー彗星は、1910年2月頃から明るくなり、4月には尾が観測されるようになった。同年5月11日に最も明るくなったが、その後、光度、尾の長さともに次第に減じている。翌1911年7月頃には見えなくなったという。

*29 松本智津夫、早川紀代秀、井上嘉浩、新實智光、土谷正実、中川智正および遠藤誠一の7名が処刑された。

*30 林泰男(旧姓)、豊田亨、端本悟、広瀬健一、岡崎一明(旧姓)および横山真人の6名が処刑された。

*31 刑事訴訟法第475条は「死刑の執行は、法務大臣の命令による」(第1項)、「前項の命令は、判決確定の日から六か月以内にこれをしなければならない」(第2項本文)。ただし「上訴権回復もしくは再審の請求、非常上告または恩赦の出願もしくは申出がされその手続が終了するまでの期間および共同被告人であった者に対する判決が確定するまでの期間は、これをその期間に算入しない」(同項但し書き)と規定している。また、同法第476条は「法務大臣が死刑の執行を命じたときは、五日以内にその執行をしなければならない」と規定している。

*32 オウム関連の裁判においては、共同被告人につづいている者や、共犯者の裁判中に証人に呼ばれる可能性があることを配慮して執行を控えたと認められているが、現実には死刑確定者が共犯事件の証人として公判で発言することができた。

*33 デリダは、「国家は受刑者が死ぬところを見るのではないけれどもない、死ぬところを見ることを欲している」、「国家ないし国民国家となった人民が受刑者の死ぬところを見る権利においてこそ、当の人民は自らを最もよく目にするのです。人民が自らを最もよく目にする、つまり当の人民が自らの絶対的主権を銘記し意識するということ、自分が自分ずに見えるということです」(25/21)と述べている。

*34 木村『死刑論』56頁参照。

*35 CNN(2012年11月23日)(https://www.cnn.co.jp/world/35024797.html) 2018年3月25日閲覧。

*36 第6条は、「死刑を廃止していない国においては、死刑は、犯罪が行われた時に効力を有しており、かつ、この規約の規定及び集団殺害犯罪の防止及び処罰に関する条約の規定に抵触しない法律により、最も重大な犯罪についてのみ科することができる。この刑罰は、権限のある裁判所が言い渡した確定判決によってのみ執行することができる」(第2項)、「生命の剥奪が集団殺害犯罪を構成する場合には、この条約のいかなる規定も、この規約の締約国が集団殺害犯罪の防止及び処罰に関する条約の規定に基づいて負う義務のいかんを問わず免れることを許すものではないと了解する」(第3項)、「死刑を言い渡されたいかなる者も、特赦又は減刑を求める権利を有する。死刑に対する大赦、特赦又は減刑は、すべての場合に与えることができる」(第4項)、「死刑は、18歳未満の者が行った犯罪について科してはならず、妊娠中の女子に対して執行してはならない」(第5項)および「この条のいかなる規定も、この規約の締約国による死刑の廃止を遅らせ又は妨げるために援用されてはならない」(第6項)として、死刑国に対する留保事項を定めている。

*37 「市民的及び政治的権利に関する国際規約の第2選択議定書」(1989年12月15日採択、1991年7月11日発効)。同議定書の前文は、「死刑の廃止が人間の尊厳の向上と人権の漸進

*20 いわゆる「練馬事件(印藤巡査強盗殺人事件)」(最高裁大法廷判決1958年(昭和33年)5月28日刑集第12巻第8号1718頁)の大法廷判決である。

*21 麻原元死刑囚に関しては、弁護人が控訴理由書を提出しなかったという理由で控訴が棄却され、死刑が確定した。したがって、最高裁は麻原裁判を審理していない。その意味では、後述の幸徳事件とも同様、一回の裁判で死刑が確定し、執行された。

*22 ベッカリーアは、アンシャン・レジームにおいては、神に対する不敬罪(宗教的犯罪)が、国家および主権者に対する大逆罪と混同され、ひとしく大逆罪として極刑に処せられていることを批判している。以下を参照。Beccaria, Dei delitti e delle pene, pp. 46–48.[『犯罪と刑罰』132–133頁]

*23 爆弾の爆発力について詳しくは、神崎清『大逆事件 第2巻［爆裂弾を製造した爆裂弾］』(あゆみ出版、1977年)を参照。

*24 事件の端緒は、長野県東筑摩郡中川手村明科の製材所で宮下が爆裂弾を製造し、1909年(明治42年)11月3日に爆破実験を行ったことに始まる。その後、1910年1月、東京府千駄ケ谷の平民社で実行計画が練られた。同年3月、幸徳は平民社を解散し、病気療養のため湯河原と湯河原へ移った。同年5月14日、長野県明科の駐在巡査が新村を逮捕した。同月21日、宮下が爆弾の材料を製材所の工場に移し、同月25日、松本警察署が宮下、新村らを爆裂弾の製造と所持(爆発物取締罰則違反)の被疑事実で逮捕し、同年6月1日に幸徳、管野らを湯河原で逮捕し、社会主義者や無政府主義者の一斉検挙が始まった。事件の全体像については、山泉進『大逆事件の言説空間』(論創社、2007年)、田中伸尚『大逆事件 死と生の群像』(岩波書店、2010年)などを参照。

*25 この3類型の群像とは別に、新田については、刑法第38条第2項を適用して、大逆罪の故意を否定し、爆発物取締罰則の「治安ヲ妨ケ又ハ人ノ身体財産ヲ害セントスル目的ヲ以テ爆発物ヲ使用シタル者」(第1条)「第一条ニ記載シタル犯罪ヲ為ス為ノ指ヲ知リテ其(爆発物)ヲ使用ニ供スヘキ器具ヲ製造シタル者」(第5条)について、同様に大逆罪の故意を否定し、爆発物取締罰則第1条の前期刑として新村(善)については、同法第62条、第63条に、6年以上8年以下の有期懲役を言い渡している。減軽(同法第62条、第63条に......)大逆事件は、明治13年の旧刑法が明治40年に刑法典に代わり、1908年10月1日から施行されて直後の事件であったため、旧刑法時代に制定された爆発物取締罰則の刑罰中の重懲役を懲役に読み替えられた。

*26 刑死したのは、幸徳秋水、管野スガ、森近運平、宮下太吉、新村忠雄、古河力作、奥宮健之、大石誠之助、成石平四郎、松尾卯一太、新美卯一郎、内山愚童の12名である。処刑は、市ケ谷監獄で2日で行われた。特赦によって無期刑に減刑され獄死したのは、高木顕明、峯尾節堂、岡本頴一郎、三浦安太郎、佐々木道元の5名。その後、仮釈放された者は坂本清馬、成石勘三郎、崎久保誓一、武田九平、飛松与次郎、岡林寅松、小松丑治の7名である。

*27 大逆罪の適用事例は、1911年の幸徳事件(幸徳事件)以外に、1923年の虎ノ門事件、1925年の朴烈事件、1932年の桜田門事件(李奉昌事件)がある。虎ノ門事件と桜田門事件は、実際に実行行為らがあった現行犯事件であるが、朴烈事件は、計画に具体性がなく実態のない事件で、反体制側にあった大逆事件である。集団による組織的な大逆事件は、幸徳事件のみである。

秩序は、憲法を頂点として法律、命令を経て、行政処分ないし判決についる「上位→下位規範」という等級関係の階層構造をなしているとする法段階説（プリシャ・メルクル(1836-1896)に依拠した。しかし、法秩序の最上位規範は、価値あふる憲法の拘束的拘束性・妥当性を根拠づけるのは「仮設」としての根本規範であり、根本規範は、価値的かつ事実的である。ケルゼンシュミット(1888-1985)は、この価値的・政治的判断を「決断」と呼んだ。

*12　1798年のAnti-Hobbesと1799年のRevisionとの矛盾である。以下を参照。Paul Johann Anselm Feuerbach, *Revision der Grundsätze und Grundbegriffe des peinlichen Rechts* (Erfurt: Henningsche Buchhandlung,1799. この矛盾については以下を参照。Gustav Radbruch, *Paul Johann Anselm Feuerbach: Ein Juristenleben* (Vandenhoeck & Ruprecht: Göttingen, 1934), p. 39 sq.；Hellmuth Weber, "Die Verbrechen gegen den Staat bei Anselm von Feuerbach," in *Rechts- und Wirtschaftswissenschaftliche Fakultät der Universität Jena, ed., Festschrift für Rudolf Hübner zum siebzigsten Geburtstag* (Jena: Frommann, 1935 [Aalen: Scientia, 1981]) pp. 110-123 [p. 111].

*13　第77条第1項は、「国の統治機構を破壊し、又はその領土において国権を排除して権力を行使し、その他憲法の定める統治の基本秩序を壊乱することを目的として暴動をした者は、内乱の罪として、次の区別に従って処断する」とし、「首謀者は、死刑または無期禁錮」（第1号）、「謀議に参与し、または群衆を指揮した者は無期または3年以上（20年以下）の禁錮」（第2号前段）、「その他諸般の職務に従事した者は1年以上10年以下の禁錮」（第2号後段）および付和随行し、その他単に暴動に参加した者は、3年以下の禁錮」（第3号）にそれぞれ処するとしている。

*14　団藤重光刑法綱要各論」（創文社、1964年）10-11頁、現行刑法は、外患誘致については絶対的死刑を規定している（第81条）。なお、自由刑の単一化問題については、以下を参照。一瀬「禁錮は廃止すべきか」、『立教法学』第2号（立教法学会、1961年）81-128頁。

*15　以下を参照。木村他二「死刑と教育刑」、『法学』第12巻、第12号（岩波書店、1943年）1-17頁。

*16　初宿正典『憲法2・基本権（第3版）』（成文堂、2010年）392頁。詳しくは、初宿「木村他二の死刑（違憲）論について」、ホセ・ヨンパルトほか編『法の理論5』（成文堂、1985年）65頁以下を参照。

*17　木村『死刑論』（弘文堂、1949年）56頁。なお、以下を参照。石塚「再論・死刑と憲法　死刑は、すでに終わった問題なのか？」、年報・死刑廃止編集委員会編『年報・死刑廃止2016』（インパクト出版会、2016年）52-85頁。

*18　「死刑は『犯罪を決意した人の心をなるかえさせるに三十日ほどびしさを持つ一つの終身奴隷刑は、それどころか、死刑より確実な効果をもものだらつけ加えたい」。(Cesare Beccaria, *Dei delitti e delle pene*, in *Edizione nazionale delle opere di Cesare Beccaria*. 1, ed. Luigi Firpo [Milano: Mediobanca, 1984], p. 90.『犯罪と刑罰』風早八十二ほか訳（岩波書店「岩波文庫」、1938年[1959年]95頁)

*19　共謀共同正犯については、かつての大審院判事草野豹一郎の門下生が支持する共同意思主体説を除けば、学説はそっぽを向くにとどいていた。戦後、これを肯定する説が現れ、現在は判例として是認する説を支持する論者が多い。

第6章

*1 　世界的規模の展開を他の諸国では「mondialisation」と言うか(英語ではさしずめ「worldization」に相当する表現)、英語圏だけで「globalization」と呼んでいる。

*2 　Jacques Derrida, *Séminaire La peine de mort: Volume I (1999-2000)*, ed. Geoffrey Bennington, Marc Crépon & Thomas Dutoit (Paris: Galilée, 2012).(『死刑I』, 高桑和巳訳(白水社, 2017年)) 以下, 同書への参照は, 本文中に(原著ページ数/日本語訳ページ数)の形で示す。

*3 　ソクラテスは, 若者を腐敗させたこと, 不正を犯したことで告発され, 「都市国家によって崇められている神々を崇めることをやめた」(28/23)こと, 「他の新たな魔物を欲いた」(28/24)ことによって処罰された。

*4 　プラトン『法律』第12巻951 d-e.

*5 　プラトン『法律』第10巻907 d-909 d.

*6 　アムステルダムが起源であるとされる初期「懲治場(Zuchthaus)」は, このような懲治(調教)によって, 頑健な浮浪者, 物乞い, 乱暴者, 売春婦などを健全な労働者に鍛え直す「人間改造プラント」であった。以下を参照。石塚伸一「アムステルダムの奇跡の「神話」」 自由刑における「懲治(しつけ)」と労働」, 徳田靖之ほか編『内田博文先生古稀祝賀論文集』(法律文化社, 2016年)655-684頁。

*7 　デリダは, 夜間会議制度は, 「ロゴスにおいて死刑が, 人間に固有なものに達するのに達することができるということを, つまり理性の尊厳, もしくはロゴスと人間のノモスの尊厳に達することができるといったこと」(32/27)を構造化していると言う。

*8 　プラトンのこのような発想(『法律』第10巻909 b-d)は, 国家が滅びるその日であっても, 犯罪者の市民としての名誉を回復するために死刑を執行するべきだとするカントの同害報復論による死刑存置の主張に連なる理解である(33-34/28-29)。

*9 　「出エジプト記」20:1-17.

*10 　以下を参照。Jean-Jacques Rousseau, *Du contrat social*, in *Œuvres complètes*, 3, ed. Bernard Gagnebin et al. (Paris: Gallimard [Pléiade], 1964), pp. 347-470.(『社会契約論』桑原武夫ほか訳(岩波書店[岩波文庫], 1954年) ルソーは次のように言う。「各人は自己をすべての人に与えて, しかも誰にも自己を与えない。そして, 自分が譲りわたすのと同じ権利を受けとらないような, いかなる構成員も存在しないのだから, 人は失うすべてのものと同じ価値のものを手に入れ, また所有しているものを保存するためのより多くの力を手に入れる」(p. 361(30頁)。「われわれの各々は, 身体とすべての力を共同のものとして一般意志の最高の指導の下におく。そしてわれわれは各構成員を, 全体の不可分の一部として, ひとまとめにして受けとる」(p. 361(31頁)。これが結合行為の本質である。

*11 　デリダは, 死刑の歴史と地平を復元するためには, 「死刑が書きこまれ規程されているロゴス中心主義的, ロゴス-ノモス中心主義的立場の脱構築(50/44)が必要かもしれないと言う。ハンス・ケルゼン(1881-1973)は, ロゴス中心の法体系を規範論に祀じにするために, 実定法

註記
[第6章]

*32 　Derrida and the Time of Life (Stanford: Stanford University Press, 2008), [『ラディカル無神論』吉松覚・島田貴史・松田智裕訳(法政大学出版局、2017年)] しかし、本稿の観点は、どちらかといえば、「デリダのラディカルに非キリスト教的な脱構築は、どきにその結論において、ラディカルにメシアニズム的であるだけでなく、「超キリスト教的」になることがある」(Monod, "Penser le théologico-politique depuis la peine de mort", p. 54)というブラッシャン゠クロード・モノの結論に近い。

*33 　Derrida, "Desceller ('la vieille neuve langue')" in Points de suspension (Paris: Galilée, 1992), p. 192.

*34 　Crépon, "Du droit à la vie: Une lecture de Victor Hugo," in Crépon, Halpérin & Manacorda, ed., La Peine de mort, p. 12.

*35 　この点については以下の拙稿を参照いただければ幸いである。「近い他者 遠い他者 デリダと文学的想像力」、『早稲田文学』第10次、第11号(早稲田文学会、2015年5月)38-51頁。

*36 　Crépon, "Du droit à la vie," p. 21.

*37 　Derrida, Béliers: Le dialogue ininterrompu: entre deux infinis, le poème (Paris: Galilée, 2003), p. 74.[『雄羊』林好雄訳(筑摩書房[ちくま学芸文庫]、2006年)]

*38 　Derrida, L'animal que donc je suis, p. 41.[『動物を追う、ゆえに私は(動物で)ある』49-50頁]

*39 　前掲拙稿「デリダにおける死刑の問題」173-176頁をも参照。

*40 　Theodor Reik, "Freud's View on Capital Punishment," in The Compulsion to Confess: On the Psychoanalysis of Crime and Punishment (New York: Grove Press, 1961) p. 474.

*41 　Reik, "Part Two: The Compulsion to Confess" in The Compulsion to Confess, pp. 175-356.

*42 　2001年3月14日セミネールの個人ノートおよび録音より。

*43 　Derrida, États d'âme de la psychanalyse, p. 14.[『精神分析のと未とい』9-10頁]

*44 　Immanuel Kant, Die Metaphysik der Sitten, in Kant's gesammelte Schriften, 6, ed. Königlich-Preußische Akademie der Wissenschaften (Berlin: Georg Reimer, 1907), p. 331.[『カント全集11 人倫の形而上学』樽井正義・池尾恭一訳(岩波書店、2002年)178頁]

*45 　Derrida, "La Pharmacie de Platon," in La dissémination (Paris: Seuil, 1972), pp. 195-198.[『プラトンのパルマケイアー』藤本一勇訳、『散種』(法政大学出版局、2013年)272-275頁) 以下で論じた。「デリダにおける《ミッション:インポッシブル》灰、自伝、エクリチュール」、『言語・情報・テクスト』第23巻(東京大学大学院総合文化研究科言語情報科学専攻、2016年)41-60頁。

*46 　Derrida, L'animal que donc je suis, pp. 33-37.[『動物を追う、ゆえに私は(動物で)ある』37-43頁]

*21 2016, p. 7. まるで1981年に獲得されたと信じられた人々の改心（は幻想であったかのようだ）と編者たちは述べ、今後、死刑復活を公約に掲げる極右政党が出てこないことも限らないとも示唆している。

*22 Derrida, États d'âme de la psychanalyse: Adresse aux États Généraux de la Psychanalyse (Paris: Galilée, 2000).『精神分析の抵抗』西宮かおり訳（岩波書店、2016年）

*23 Geoffrey Bennington, "Ex Lex," Oxford Literary Review, 35-2 (Edinburgh: Edinburgh University Press, December 2013), p. 146.［エクス・レクス］清水一浩訳、『現代思想』第43巻、第2号（青土社、2015年2月臨時増刊）154頁

デリダが問題にしているのか啓蒙主義および（それを引き継ぐ）思想家・作家であることはマイケル・ナースが強調している通りだが、ナースがその問題（との背後にいるラ・ナースが強調している通りだが、ナースがその問題）の例外や決定に盲目だとして批判しているのもその通りである。『死刑Ⅰ』で確認されている通り、ジェームは『政治神学』で啓蒙主義を例外や神学政治論の強迫をぶつけるという構図になっている。Michael Naas, "Philosophy and Literature of the Death Penalty: Two Sides of the Same Sovereign," The Southern Journal of Philosophy, 50, Spindel Supplement (Oxford: Wiley-Blackwell, September 2012), p. 45.

*24 Derrida & Roudinesco, De quoi demain, p. 240.［『来るべき世界のために』213頁］同種の発言は繰り返し見られる。『死刑Ⅰ』でのセミネールは政治神学的なものについてのセミネールであるが、このことはセミネールの冒頭文から［……］言ってきた。死刑が神学的なものなら政治的なものの結びつきを確固としたものにすることは明らかである』(II, 330-331)。

*25 Jean-Claude Monod, "'Penser le théologico-politique depuis la peine de mort': Le souverain, les Lumières et la déconstruction," in Crépon, Halpérin & Manacorda, ed., La Peine de mort, p. 40.

*26 実際のところ、1999年は合衆国における死刑執行数のピークであり、その後は死刑廃止州が多くなり、死刑判決数も減っている。

*27 Derrida, "Préface," in Mumia Abu-Jamal, En direct du couloir de la mort, trans. Jim Cohen (Paris: La Découverte/Poche, 1995), pp. 7-13. ムミア・アブ＝ジャマールは2001年に死刑判決を破棄され終身刑となっている。

*28 以下の報告を参照。『年報死刑廃止2002』（インパクト出版会、2002年）。

*29 Naas, "Philosophy and Literature of the Death Penalty," p. 45.

*30 ジャン＝クロード・モノは『死刑Ⅰ』における政治神学的なものの概念はスピノザ的合意（シュミット的合意から構成されているという指摘したうえで、デリダが後者を信用しすぎているのではないかと問うている。Monod, "'Penser le théologico-politique depuis la peine de mort'," p. 45.

*31 以下の二論考は、「ライシテ」と「無religion」を、「再検討され、拡大された、脱構築的な概念」(Naas, p. 21)、「ラディカルな」概念にしたうえで、デリダに帰している。Naas, "Derrida's Laïcité," The New Centennial Review, 7, no 2 ("Remainders: Of Jacques Derrida") (East Lansing: Michigan State University Press, fall 2007), pp. 21-42 ; Martin Hägglund, Radical Atheism:

*11　Walter Benjamin, "Zur Kritik der Gewalt," in *Gesammelte Schriften*, 2-1, ed. Rolf Tiedemann & Hermann Schweppenhäuser (Frankfurt am Main: Suhrkamp, 1977), p. 189.[『暴力批判論』野村修訳(岩波書店[岩波文庫、1993年]42-43頁)]

*12　Derrida, *Force de loi*, pp. 102–103.[『法の力』131-134頁]

*13　佐藤嘉幸が指摘する通り、「友愛のポリティックス」と『法の力』は1988年度講義と1989年講演という同時期の考察を元にしており、前者における法定的暴力と法維持的暴力についての二重性についての考察と、後者におけるベンヤミンを通した法定的暴力と法維持的暴力についての考察は、「例外状態の常態化」についての考察として表裏の関係にあると考えるべきである。佐藤嘉幸「立憲デモクラシーの危機と例外状態 デリダ、アガンベン、ベンヤミン、シュミットと亡霊の回帰」、『思想』第1088号(岩波書店、2014年12月)94-96頁。この時期から約10年後に行われたこの死刑論講義は、2年間を通してシュミットとベンヤミンを繋ぎ、「例外状態の常態化」を、その暴力性の露呈としての例外的刑罰たる死刑が維持されている、という構造を確認している。『法の力』においてデリダは、法に内在する暴力の二重性をベンヤミンと共に繰り返し(単劾)、102[131頁]と非難しているが、それだけではシュミットやカントの「論理」の前で無力であることを、死刑論のデリダは熟知している。

*14　拙稿「デリダにおける死刑の問題」、『現代思想』第36巻、第13号(青土社、2008年10月)167-170頁参照。

*15　デリダも最初はコルテスを「シュミットの参照項」としてしか認識していなかったと正直に述べている(II, 327, 330)。

*16　Donoso Cortés, *Essai sur le catholicisme, le libéralisme et le socialisme* (Paris: Aux Bureaux de la Bibliothèque nouvelle et de la Revue catholique de la jeunesse, 1851), pp. 361–362.

*17　死刑論講義の英訳者の一人であるエリザベス・ロッテンバーグはこの発言に注目して死刑論と精神分析の関係について論じている。Jacques Derrida and the Future of Psychoanalysis, Elizabeth Rottenberg, "Cruelty and its Vicissitudes: Jacques Derrida and the Future of Psychoanalysis," *The Southern Journal of Philosophy*, 50, Spindel Supplement (Oxford: Wiley-Blackwell, September 2012), pp. 143–159. ロナルド・メンドーサ＝デ・ヘスースもこの発言に注目して「生を延びる死刑」の意味を追求し、デリダは伝統的な廃止論とは別様に廃止を打ち立てるために死刑廃止の目的論的終末論を宙用にしているのだと論じている。Ronald Mendoza-de Jesús, "Invention of the Death Penalty: Abolitionism at its Limits," *The Oxford Literary Review*, 35-2 (Edinburgh: Edinburgh University Press, December 2013), pp. 221–240.

*18　Jean-Luc Nancy & Derrida, "'Il faut bien manger' ou le calcul du sujet" (1987), in Derrida, *Points de suspension* (Paris: Galilée, 1992), pp. 283–284, 292–296.[「『正しく食べなくてはならない』あるいは主体の計算」鵜飼哲訳、『主体の後に誰が来るのか?』(現代企画室、1994年)161–162, 173–177頁]

*19　Mendoza, "Invention of the Death Penalty," p. 226.

*20　Crépon, Jean-Louis Halpérin & Stefano Manacorda, "Introduction," in Crépon, Halpérin & Manacorda, ed., *La Peine de mort: Vers l'abolition absolue?* (Paris: Éditions Rue d'Ulm,

第 5 章

*1 以下、次の書籍の参照ページ数は原書、日本語訳の順に本文中括弧内に記す。Jacques Derrida, *Séminaire La peine de mort: Volume I (1999–2000)*, ed. Geoffrey Bennington, Marc Crépon & Thomas Dutoit (Paris: Galilée, 2012). [『死刑Ⅰ』高桑和巳訳（白水社、2017年）] 次の書籍についても、(Ⅱ、ページ数) の形で本文中括弧内に記す。Derrida, *Séminaire La peine de mort: Volume II (2000–2001)*, ed. Bennington & Crépon (Paris: Galilée, 2015). 以下、すべての引用について、訳文は既訳を参照しつつ適宜修正させていただいた。文体は講演・講義・談話でも「である」体に統一している。傍点は強調は原書のもの、傍線強調は引用者によるものである。

*2 二章にわたる第一回講義はいずれも死刑囚の執行前夜に身を置くかのように「夜明け ['aube']」、開始前であることが強調され、ようやく「では、〔セミネールを〕始めましょう」と言われるのは第二章も半ば (71(65)) になってからである。それまでの言説は「長い敘 [long exergue]」であったことになる。開幕・附幕・附幕と述べたのは、とりわけ「死刑」で死刑の劇場性が強調されており、セミネールの階段教室 (amphithéâtre) の劇場空間性も意識されているように思われるからである。

*3 2000年度最終回講義の冒頭で、デリダは、次年度講義の主題について、これまで行ってきた「主権」についての考察を続けることを考えているが、厳密には「まだ決定していない」ことを強調し、提案があれば寄せてほしいと積極的に呼びかけるなか、今回は、「来年、場合によっては続きが出来るように、引き継ぎの形を取った、一歩先――いわば、開き [ouverture]」(Ⅱ, 325) を提案したいと述べている。その上で行われるのは、ドノン・コルテスの誘惑への諒解を通した、血および供犠についての考察であり、そして、この時点では明かされていないが、次年度講義の主題は「獣と主権者」となる。この死刑論最終回講義は、主権と供犠の問題への関心が一連のセミネールを貫いていることを明瞭に示している。

*4 Derrida & Élisabeth Roudinesco, *De quoi demain* (Paris: Fayard/Galilée, 2001). p. 235. [『来たるべき世界のために』藤本一勇・金澤忠信訳（岩波書店、2003年）210頁]

*5 Derrida & Roudinesco, *De quoi demain*. p. 236. [『来たるべき世界のために』210頁]

*6 Peguy Kamuf, "The Philosopher, As Such, and the Death Penalty," in *To Follow: The Wake of Jacques Derrida* (Edinburgh: Edinburgh University Press, 2010), pp. 187–193 ; Kamuf, "At the Heart of Death Penalty," *Oxford Literary Review*, 35-2 (Edinburgh: Edinburgh University Press, November 2013), pp. 241–251.

*7 Kamuf, "The Philosopher, As Such, and the Death Penalty," p. 187.

*8 Derrida, *L'animal que donc je suis* (1997) (Paris: Galilée, 2006), pp. 64–65. [『動物を追う、ゆえに私は〔動物で〕ある』鵜飼哲訳（筑摩書房、2014年）80–81頁]

*9 『死刑Ⅱ』最終回では、「シュミットは、とりわけ主権についての言説のために、私たちのセミネールの中心にいる」(Ⅱ, 327) とまさに引述べられている。

*10 Derrida, *Force de loi* (Paris: Galilée, 1994), p. 94. [『法の力』堅田研一訳（法政大学出版局、1999年）120頁]

註記
［第5章］

*17　Emmanuel Kant, *Métaphysique des mœurs*, 1 ("Doctrine du droit"), trans. Alexis Philonenko (Paris: Vrin, 1971). 本稿で用いているのは1979年版であるが、頁数を含め、内容に変更はない と思われる。

*18　Michel Villey, "Préface: La doctrine du droit dans l'Histoire de la science juridique," in Kant, *Métaphysique des mœurs*, 1, p. 12.

*19　Villey, "Préface," p. 21.

*20　Villey, "Préface," p. 23.

*21　Villey, "Préface," p. 24.

*22　Villey, "Préface," p. 26.

*23　Immanuel Kant, *Kritik der reinen Vernunft* in *Kant's gesammelte Schriften*, 3, ed. Königlich-Preußische Akademie der Wissenschaften (Berlin, Georg Reimer, 1911), p. 542.（『純粋理性批判』 下巻、『カント全集』第6巻、有福孝岳訳（岩波書店、2006年）116頁）

*24　Kant, *Die Metaphysik der Sitten*, in *Kant's gesammelte Schriften*, 6, ed. Königlich-Preußische Akademie der Wissenschaften (Berlin: Georg Reimer, 1907), p. 227.（『カント全集』第11巻（『人倫 の形而上学』）樽井正義・池尾恭一訳（岩波書店、2002年）44頁）

*25　Kant, *Die Metaphysik der Sitten*, p. 225.（『カント全集』第11巻、41頁）

*26　Kant, *Die Metaphysik der Sitten*, p. 222.（『カント全集』第11巻、37頁）

*27　Kant, *Die Metaphysik der Sitten*, p. 331.（『カント全集』第11巻、179頁）

*28　Kant, *Die Metaphysik der Sitten*, pp. 336–337.（『カント全集』第11巻、185頁）

*29　Derrida, *Séminaire La bête et le souverain: Volume I (2001–2002)*, ed. Michel Lisse, Marie-Louise Mallet & Ginette Michaud (Paris: Galilée, 2008).（『獣と主権者Ⅰ』西山雄二ほか訳 （白水社、2014年）Derrida, *Séminaire La bête et le souverain: Volume II (2002–2003)*, ed. Lisse, Mallet & Michaud (Paris: Galilée, 2010).（『獣と主権者Ⅱ』西山はか訳（白水社、2016年））

第4章

* 1　Jacques Derrida, *Séminaire La peine de mort: Volume I (1999–2000)*, ed. Geoffrey Bennington, Marc Crépon & Thomas Dutoit (Paris: Galilée, 2012). (『死刑Ⅰ』高桑和巳訳(白水社、2017年)) Derrida, *Séminaire La peine de mort: Volume II (2000–2001)*, ed. Bennington & Crépon (Paris: Galilée, 2015). 引用の際には、前者については本文中に(　)を付し、原書のページ数と、スラッシュに続けて日本語訳のページ数を示す。後者については(Ⅱ. 原書ページ)とする。また、『死刑Ⅱ』をはじめ、以下に触れる文献の既訳は可能なかぎり参照したが、必要に応じて日本語訳の語句を変更した場合がある。そのことをその旨を記していないが、ご了承いただきたい。なお、カント、ベンヤミン、ニーチェ、ユゴー、シュミットなど、デリダの著作に引用されたくだりを本稿で引用する場合は、いたずらに注を増やさぬため、原著ではなく、デリダが引用する箇所へと送り返すことにする。

* 2　Derrida & Élisabeth Roudinesco, *De quoi demain... Dialogue* (Paris: Fayard, 2001), p. 252.
　〔『来たるべき世界のために』藤本一勇・金澤忠信訳(岩波書店、2003年)224頁〕

* 3　Marc Crépon, Jean-Louis Halpérin & Stefano Manacorda, ed., *La peine de mort: Vers l'abolition absolue ?* (Paris: Éditions Rue d'Ulm, 2016).

* 4　Crépon, Halpérin & Manacorda, "Introduction," in Crépon, Halpérin & Manacorda, ed., *La peine de mort*, p. 7.

* 5　Crépon, Halpérin & Manacorda, "Introduction," p. 7.

* 6　Frédéric Worms, "L'abolition de la peine de mort comme institution de l'humanité," in Crépon, Halpérin & Manacorda, ed., *La peine de mort*, p. 27.

* 7　すでに述べたように、本稿の議論はもっぱら『死刑Ⅱ』に限定させているが、カントの名は、『死刑Ⅱ』ではさらに頻繁に現れるわけだが、そこにおけるカント読解は別の機会に譲らざるをえない。

* 8　Derrida, "Prénom de Benjamin," in *Force de loi: Les fondements mystiques de l'autorité* (Paris: Galilée, 1994), pp. 65–146. (「ベンヤミンの個人名」、「法の力」堅田研一訳(法政大学出版局、1999年)177–195頁〕

* 9　Derrida, "Prénom de Benjamin," p. 101. (「ベンヤミンの個人名」129頁〕

* 10　Derrida, "L'art des mémoires," in *Mémoires: Pour Paul de Man* (Paris: Galilée, 1988), p. 83.

* 11　Derrida, "Prénom de Benjamin," p. 95. (「ベンヤミンの個人名」121頁〕

* 12　Derrida, "Du droit à la justice," in *Force de loi: Les fondements mystiques de l'autorité*, p. 38. 〔「正義への権利について=法権利から正義へ」『法の力』39頁〕

* 13　Derrida, "Prénom de Benjamin," p. 121. (「ベンヤミンの個人名」157頁〕

* 14　Derrida, "Du droit à la justice," p. 17.〔「正義への権利について=法権利から正義へ」12頁〕

* 15　Derrida & Roudinesco, *De quoi demain*, p. 233.〔『来たるべき世界のために』207頁〕

* 16　Victor Hugo, "Le dernier jour d'un condamné (Préface pour le roman de 1829)," in *Écrits sur la peine de mort*, ed. Raymond Jean (Arles: Actes Sud, 1979 [1992]), p. 35.〔「序」、『死刑囚最後の日』豊島与志雄訳(岩波文庫、1950年[1982年])165頁〕

註記
[第4章]

*7 ──椎橋隆幸「日本の死刑制度について考える」、井田良・太田達也編『いま死刑制度を考える』（慶應義塾大学出版会、2014年）41-59頁、54頁を参照のこと。

*8 ──ニーチェの経済思想については以下を参照。Peter R. Sedgwick, *Nietzsche's Economy: Modernity, Normativity and Futurity* (New York: Palgrave Macmillan, 2007).

*9 ──［死刑］セミネール以外でもデリダは死刑について論じている。たとえば以下を参照。Derrida & Élisabeth Roudinesco, *De quoi demain* (Paris: Galilée, 2001)).（『来たるべき世界のために』藤本一勇・金澤忠信訳（岩波書店、2003年））また、Derrida, *Demeure, Athènes* (Paris: Galilée, 2009).（『留まれ、アテネ』矢橋透訳（みすず書房、2009年）） Derrida, *Demeure: Maurice Blanchot* (Paris: Galilée, 1998).（『滞留』郷原佳以博雄監訳、郷原佳以・坂本浩也・西山達也・安原伸一朗訳（未来社、2000年））（『死をめぐる省察』広瀬浩司・林好雄訳（筑摩書房［ちくま学芸文庫］、2004年））デリダ晩年の死については、あるいは死の問題については以下を参照。吉松覚「「私の死」の瞬間、あるいは生の短さについて 晩年のデリダにおける死の切迫にかんする一考察」、『あいだ／生成』第6号（あいだ哲学会、2016年）139-150頁。

*10 ──Geoffrey Bennington, "Ex Lex," *Oxford Literary Review*, 35-2 (Edinburgh: Edinburgh University Press, December 2013), pp. 143-163.（『エクス・レクス ジャック・デリダの死刑論セミネール』清水一浩訳、『現代思想』第43巻第2号（青土社、2015年2月臨時増刊）154-172頁）

*11 ──［道徳の系譜学］第二論文の冒頭第1節を読むとき、ニーチェは「人間に関しての本来の課題」として、あくまでも人間的理想として、「約束することのできる動物」となることを掲げているように思える。だが、これがニーチェ哲学全体にとっても理想であるとするには、大きな困難がある。ニーチェは「ツァラトゥストラはこう言った」において、人間としての完成を待機的に語っているからだ。第二論文の末尾でニーチェは「さりげなく」と言っている以上のことば「神を無みする者ツァラトゥストラ」のみが示された箇所」だとしている(GM II-25: 337/118)。ニーチェは明らかに第二論文に続けて「ツァラトゥストラはこう言った」を参照することを読者に求めている。そうして繙かれるべき「ツァラトゥストラはこう言った」第一部の冒頭には、序章「超人とはまいの人間たち」がある。人間としての完成される人間を超えゆくことの理想がツァラトゥストラによって説かれる。ならば、ニーチェは「道徳の系譜学」においてもなお、人間を超えうニーチェ哲学の理想として解釈していのではないだろうか。これは多くの研究者らがニーチェ哲学の理想として解釈してきた「主権的個人」という概念について同様にあてはまる論点である。

*12 ──［実験哲学］とは、ニーチェが中期著作『曙光』(1881)や『悦ばしき知恵』(1882)で掲げた、慣習道徳を乗り越えて自らの生を認識の実験の場とする認識者の態度を表現する概念である。

の視座から諸事物を、いわば近くに置いたり遠ざけたりすることで軽重をつけ、価値位階を示すのだ。認識者は自らの視座そのものをより高次の視点から眺めることはできない。また、ある視座からの価値評価が絶対的で唯一のものであることはない。

*4 デリダが言及していない第一論文を本稿で取り上げておいたのは、デリダの死刑論の広範な射程のうちに、ニーチェの正義論を指摘しておく必要があるからである。ニーチェは第一論文でこれを主題化しており、強者の特権が法を制定するのだとしている。強者そのものが各人に各人自身のものを与える。つまりニーチェは法律権利の端緒を法律権利の外部の「生」に見ている。こうした法律権利の外部における法律権利の成立という論点をデリダはシュミットの思想を経由して聞いて取り上げている。そこでは、法が法律における法律権利の外部を、ずかりという問題があらためて聞いて取り上げている。こうした法律権利の外部における法律権利の成立という論点をデリダはシュミットの思想を再構成する可能性が見出されるという上。ただしこの論点については紙幅の都合で本稿ではふれえない。これ以上は展開しない。

*5 第二論文の個別テーマについてはOtfried Höffe, Volker Gerhardt, Jean-Christophe Merle, Richard Schacht らによる以下文献における解説を参照。Höffe, ed., Friedrich Nietzsche, Zur Genealogie der Moral (Berlin: Akademie Verlag, 2004).

*6 「道徳の系譜学」第二論文で、太古の時代から「約束することのできる動物」の育成をめがけて歩まれてきた自然の過程の終着点に想定されるのが「主権的個人」(das souveraine individuum) である。従来の研究ではこの「主権的個人」は、ニーチェ哲学が提示したと人間の自律の理想的なあり方として解釈されてきた。Keith Ansell-Pearson, "Nietzsche on Autonomy and Morality: the Challenge to Political Theory," *Political Studies*, 39, no. 2 (Oxford: Blackwell, June 1991), pp. 270–286. これに対して以下の研究では「主権的個人」はだれもが目指すことのできる理想なのではなく、特定の人々の例外的な天才性として想定されているようだ。Leiter, "Who is the 'Sovereign Individual'?: Nietzsche on Freedom," in *Nietzsche's On the Genealogy of Morality*, pp. 101–119.

本稿との関連では、「主権的個人」が法権利の主体であるとすれば、法権利の源泉が法権利の外部にあるとするカール・シュミット「政治神学」(1922) や「政治的なものの概念」(1932) の決断主義およびそれを参照するデリダの主権論とニーチェの主権論とを同一軸において考えることもできるだろう。ただにニーチェの主権的個人は「自律的で超道徳的な個人」、「真に約束することのできる自由になった人間」、「自由な意志の支配者」と規定されており(GM II-2: 293/70)、ほとんどの人間にとって実現不可能な近代的な主権者像のカリカチュアとして提示されていると考えられる点でも注意が必要だ。「認識者」たる人間は、その認識構造からして自己認識ができずにいるのに対し(「道徳の系譜学」序文第1節を参照)、この「主権的個人」は自己自身の内的由来を必然を認識できる天才が主権的に考えなければならない。註11および以下「約束することができる」計算可能性に自らを落とし込むニーチェが人間の理想としてそこに見ているのかどうか、わたしたちは注意深く考えなければならない。梅田孝太「ニーチェによる「良心の疚しさ」の再評価 「道徳の系譜学」描論を参照のこと。第二論文の構造についての一考察」(『ショーペンハウアー研究』別巻第3号「ニーチェ特集3」) (日本ショーペンハウアー協会、2016年) 24–43頁。

第3章

*1　執筆にあたって、シンポジウム「デリダと死刑を考える」シンポジスト各位のご発表や、当日の司会・参加者各位の議論、また荒木和明氏、板橋勇仁氏、江藤信暁氏、大久保歩氏、大戸雄真氏、加藤之敬氏、土方透氏から後日いただいたご質問にご意見を参考にさせていただいた。ここに記して感謝申し上げる。

*2　ニーチェのテキストには以下〔 〕を用いた。Friedrich Nietzsche, *Kritische Studienausgabe* (=KSA), ed. Giorgio Colli & Mazzino Montinari (Berlin/NewYork: Walter de Gruyter/München: Deutscher Taschenbuch Verlag, 1980). 「道徳の系譜学」からの引用は、(GM 論文番号・節番号: KSAでの頁数)で示した。また、以下の日本語訳の対応ページも直後に示した。「道徳の系譜」秋山英夫訳、「ニーチェ全集」第II期第3巻(白水社、1983年)9-206頁。なお、原文の強調は省略し、筆者による挿入は〔 〕で示した。また、デリダからの引用は基本的には以下の訳文を使用したが、本稿での論の運びに応じて適宜修正を加えている。ジャック・デリダ「死刑I」高桑和巳訳(白水社、2017年)。本文では、以下の原書の参照箇所に続け、日本語訳の対応ページを示している。Jacques Derrida, *Séminaire La peine de mort: Volume I* (1999–2000), ed. Geoffrey Bennington, Marc Crépon & Thomas Dutoit (Paris: Galilée, 2012). なお訳文の強調は省略し、筆者による挿入については〔 〕で示した。

　「道徳の系譜学」の各論文の展望については下記を参照のこと。Werner Stegmaier, *Nietzsches "Genealogie der Moral"* (Darmstadt: Wissenschaftliche Buchgesellschaft, 1994); Brian Leiter, *Routledge Philosophy Guidebook to Nietzsche on Morality* (London/New York: Routledge, 2002); Leiter & Neil Sinhababu, ed., *Nietzsche and Morality* (Oxford: Clarendon Press/New York: Oxford University Press, 2007); Simon May, ed., *Nietzsche's On the Genealogy of Morality: A Critical Guide* (Cambridge/New York: Cambridge University Press, 2011).

*3　ニーチェが「道徳の系譜学」序文第1節で提起している認識者の自己認識の困難という問題の背景には、認識は必ず遠近法的制約を受けるというニーチェの認識についての基本的な考え方がある。「生存の遠近法的性格はどこまでの広がりをもつのか、あるいは、生存には何か解釈や意味ぬきの「意味」などないのか。解釈学を欠けば、「意味」を欠くなら、生存はまさに「無意味なるもの」になってしまうのではないか。他方で、——一切の生存は本質的に解釈学しながら生存しているのではないか。——こうしたことからは、当然のことながら、知性がどれほど動揺に、きわめて几帳面かつ良心的な分析や自己評価を行うことしても、解決されえない、というのも、こうした分析を行う際に人間の知性は、自己自身を自分の遠近法的形式のもとで、そしてその形式のうちである見るということにならざるをえないからである。我々は自分のいる片隅を俯瞰することはできない」(「喜ばしき知恵」第374節)。なお、同書(1882)は華々しく知恵、「悦ばしき知識」、「愉しい学問」とも訳される。

　ニーチェにとって認識は「遠近法」(Perspektive)を基本原理としている。「遠近法」は、特定

問題系であるために、このゆがみは大きな影響をもってはいないと思われる。

*22 一方、革命の理念によって刻印されたフランスとその文明化とその責任ないし義務という考え方は、第三共和政における植民地化政策を支えた主張であったことは関与できない事実である。

*23 Marc Crépon, "Du droit à la vie: Une lecture de Victor Hugo," in Crépon, Jean-Louis Halpérin & Stefano Manacorda, ed., *La Peine de mort: Vers l'abolition absolue ?* (Paris: Éditions Rue d'Ulm, 2016), p. 12.

*24 Badinter, "Victor Hugo, l'abolitionniste," in *Contre la peine de mort*, p. 301.

*25 Hugo, "Loi sur les prisons: Projets de discours," in *Écrits sur la peine de mort*, p. 64.

*26 ユゴーの廃止論は、確かにキリスト教的なものに刻印されている。そのことについて、デリダは次のように最終講義で記す。

「生の残りものを救うために、私たちは闘うことを、そして闘うために冷静に自分たちを組織することを切げられてはなりません。これが勇気であり冷静さです。ここにおいて、corpus（身体）がイエス、キリストのものであるだろうと、ワインが、血が、あるいは生の緩慢糖が到来するのが福音書から来るのであろうと雑駁からであろうと、また生を愛することとしての愛について、「私の生」なるものについて教えてくれる当のものからであろうと、それはとどのつまりは、私の目にはかなり二次的なことにしか映っていません。神の〈息子〉の〈受難〉は一例でしかない、と冷静に言いましょう。受難のこの一例です。さて、ある人々の力強い憶見がこれを、与えられた最良の例、愛の贈与として終わらせるにちがいない例と見なすとよいと私は思います。死刑を終わらせ、つまりは教会を支持し、そのことについて依然として赦しとして依然として赦しを求めているあの教会を求めているあの教会を、これまで死刑を支持し、そのことについて依然として赦しとして依然としてあの教会を……」。(380-381/360-361)

註記 [第2章]

*12　Jean Imbert, *La peine de mort* (Paris: PUF, 1989), p. 84.（『死刑制度の歴史』吉原達也ほか訳（白水社、1997年）101頁）

*13　Joseph de Maistre, *Les soirées de Saint-Pétersbourg*. 1 (Paris: Éditions de La Maisnie, 1980), p. 28.（『サン・ペテルスブルグの夜話』岳野慶作訳（中央出版社、1948年）32-33頁）

*14　Hugo, *Le Dernier jour d'un condamné*, p. 414.（『死刑囚最後の日』164頁）

*15　Hugo, *Le Dernier jour d'un condamné*, p. 466.（『死刑囚最後の日』90頁）

*16　Hugo, *Claude Gueux*, in *Œuvres complètes*, Roman I, p. 879.（『クロード・ゲー』『死刑囚最後の日』豊島與志雄訳（赤塚社、1949年）199頁）

*17　Hugo, *Écrits sur la peine de mort*, pp. 120-121.

*18　Hugo, *Le Dernier jour d'un condamné*, p. 410.（『死刑囚最後の日』156-157頁）

*19　Hugo, William Shakespeare, in *Œuvres complètes*, Critique (Paris: Robert Laffont, 1985), p. 432.（『シェクスピヤ』本間久雄訳『ユーゴー全集』第6巻（本の友社、1992年〔復刻〕）487頁）

*20　Hugo, *Quatrevingt-treize*, in *Œuvres complètes*, Roman III (Paris: Robert Laffont, 1985), p. 904.（『九十三年』辻昶訳『ユーゴー文学館』第6巻（九十三年）163-164頁）

*21　デリダはここに、男性文筆家たちの親子関係と世代の連続のなかでうけ継がれる責任の意識を見ている。また、このテクスト自体がなぜユゴーが息子のために行った弁論であり、シャルルは父の死刑廃止の主張を継承して罪に問われているかではなく、親子関係は二重である。この弁論には、次の一節がある。「さて、私は宣明しますが、野生的な用語のこの残りのものに対して、古い、知性のないこの同害法に対して、血には血をという法に対して、私は一生をかけて闘ってきました！—陪審員の皆さん、一生をかけてです！胸のなかに、一息でも残っている限り、私は文筆家としてのあらゆる努力をもって、立法者としてのあらゆる票をもって、これに対して闘います。私はこのことを、あそこにいて私たちにまなざしを向け、私たちの言うことを聞いている死刑囚席の被告者の前で宣明します」（ヴィクトール・ユゴー氏は片腕を伸ばし、部屋の奥、法廷の上方にあるキリストを示す）　私は、三千年前に、全世代の永遠の教えとなるべく〈人間の法が神の法をしりぞけにしてある死刑台の前で、このことを書きます〉(159-160/146)　デリダは、この部分の分析で、ユゴーは息子イエスと同一視し、彼は息子キリストへと受肉したのであるから、そのことで必然的に自らは神になる次に等しい立場になり、さらに彼は陪審員たちの心を動かすために十字架聖像を指示したのエスにたとなっているとも指摘する。ユゴーは陪審員たちの心を動かすために十字架聖像を指示したのであり、自分を神およびイエスと同一視するといった考えは毛頭なかったのであろうが、デリダによる脱構築を免れていない。ここには「父工関係」、「兄弟愛」といったユゴー思想全体に関わる問題系が背景に見て取れる。デリダは、「友愛のポリティックス」ですでにうかがれているという理由から深入りしていないが、男性中心主義（「男根ロゴス主義」）のユゴーの人間観が垣間見える。デリダは、ユーゴーが女性に関して語っている言説を冒頭に引用して、「死刑を前にして性差に関する問い」を際立たせている。第7回講義にあるこの引用中からは、ユゴーの女性への気遣いに関してできる問い」ではいえ、ここではフランス語で「人間」と「男性」を意味するhommeという語が名指すのは、あくまで男性であり、偏見に誰かった女性観ではあるが、ことに死刑廃止論に関しては、性差を超えた普遍的な

第2章

*1 「わたしは大時計を見た。1981年9月30日、時間は12時50分。ヴィクトール・ユゴーの願い――「単にして純な、最終的な死刑廃止」が実現したのだ。完璧な勝利だった。フランスで死刑廃止法案が可決された瞬間について、ロベール・バダンテールは以上のように述べた（Robert Badinter, *L'Abolition* (Paris: Fayard, 2000), p. 272 [「そして、死刑は廃止された」藤田真利子訳（作品社、2002年）249頁]）。ただし「単にして純な」云々という部分の訳に関しては、高桑和巳氏の訳を採用（註2を参照。33頁ほか）。デリダは、翌年のセミネールで、この著作に言及している。

*2 以下、次の書籍の参照ページ数のみ。原書、日本語訳の順に本文中括弧内に記す。Jacques Derrida, *Séminaire La peine de mort: Volume I (1999–2000)*, ed. Geoffrey Bennington, Marc Crépon & Thomas Dutoit (Paris: Galilée, 2012).[『死刑 I』高桑和巳訳（白水社、2017年）]

*3 Victor Hugo, *Écrits sur la peine de mort* (Avignon: Actes Sud, 1979).

*4 Marie-Aude Roux, "Badinter, librettiste, abolit la peine de mort." *Le monde*, March 28, 2013), p. 22 ; Henri Gibier, "Robert Badinter, le chant de la prison," *Les Échos supplément* (Paris: Les Échos, March 15–16, 2013, extra), p. 1 ; Jacques Drillon, "L'opéra d'un Gueux," *Le nouvel Observateur*, no. 2524 (Paris: Le nouvel Observateur, March 21–27, 2013), p. 128. 2013年、リヨン・オペラ座で、「クロード」と題されたオペラが上演された。この機に、ユゴーの「クロード・ゲー」に想定を得て、バダンテールが脚本を書いた。この際に、彼は多くのインタビューを受けている。[ユゴー崇拝者](hugolâtre)という表現も、2013年2月19日にパリのヴィクトール・ユゴー記念館で行った講演（「ユゴー、死刑と刑罰」）でも用いられている。

*5 Badinter, "Avant-propos," *Cahiers Alexandre Dumas*, 31 ("Alexandre Dumas: La peine de mort") (Amiens: Encrage, 2004), pp. 11–12.

*6 Adèle Hugo, *Victor Hugo raconté par un témoin de sa vie*, 1 (Bruxelles/Leipzig: A. Lacroix, Verboeckhoven et Cⁱᵉ, 1863), p. 178.

*7 Hugo, *Les Misérables*, in *Œuvres complètes*, Roman II (Paris: Robert Laffont, 1985), p. 16.[『ヴィクトル・ユゴー文学館』第2巻『レ・ミゼラブル1』辻昶訳（潮出版社、2000年）23頁]

*8 Hugo, *Le Dernier jour d'un condamné*, in *Œuvres complètes*, Roman I (Paris: Robert Laffont, 1985), p. 435.[『死刑囚最後の日』豊島与志雄訳（岩波文庫、2004年）19頁］デリダが引用している箇所では、引用に多少の変更を加えている場合がある。

*9 未遂に終わったものの用務所内における人質事件が起きたことを、バダンテールは例証として挙げている。

*10 Badinter, "La loi du talion ?," *Le monde*, no. 8307 (Paris: Le monde, September 29, 1971), p. 14. 以下に再録。Badinter, *Contre la peine de mort* (Paris: Fayard, 2006), pp. 38–39.

*11 このくだりを含むテクストは、当時憲法による死刑存置問題が議論されていたジュネーヴ共和国の、あるカルヴァン派の牧師に宛てた手紙の中にある。1862年11月7日に亡命先のガーンジー島で書かれた。

---

xii

註記
[第2章]

*35　ここではジュネは、彼一流のやり方で問いを回避しているように思われる。死刑廃止前の1975年の「フーベルト・フィヒテとの対話」には、より微妙な発言が見られる。これら一連の発言の詳細な検討には別の機会を要する。

Genet, La sentence (Paris: Gallimard, 2010).（『判決』宇野邦一訳〔みすず書房、2012年〕）鵜飼哲「偶然の飛沫──イエスへの手紙」『判決』刊行に寄せて」、『ユリイカ』第43巻、第1号〔青土社、2011年1月〕151-159頁参照。

*36　デリダはジュネが米国の黒人解放運動の最左派ブラック・パンサー党の指導者ポビー・シールの救援に奔走していた時期に彼と親しく交流しており、獄中でパンサーになったジョージ・ジャクソンの釈放運動に関与していた。彼らのアピールが公表される直前にジャクソンは獄中で殺害される。この出来事はデリダにも大きな衝撃を与え、死刑についての彼の考察の文脈の一つとなっている。筆者の知る限りデリダが関わった唯一の死刑囚救援活動は、やはりパンサーのジャーナリストで冤罪によって死刑判告を受けたムミア・アブ=ジャマールの支援である。Derrida, "Pour Mumia Abu Jamal," Le monde, no. 15718 (Paris: Le monde, August 9, 1995), pp 1, 8（「ムミア・アブ=ジャマールのために」鵜飼哲訳、『文藝』第35巻、第1号〔河出書房新社、1996年2月〕207-211頁）参照。

よってのみならず、時代の空気を手伝って死刑の宣告を受ける破目になったのである。アルジェリアの現在の情勢では、フランスの世論が、ギロチンの世論の前に、ギロチンはアラブ人だけのためのでなくフランス人のためのものでもあることを、当局は証明してみせたかったし、また同時に、テロの犯罪に憤激するフランスの世論をも満足させたかったからである。ところが同じ頃、当の大臣はこの処刑をひたかいにしかくして、自分の選挙区で共産党の票を獲得していた。もし事情が通っていたら、この容疑者はほとんど労せずに命拾いをしたかもしれない。そして党の代議士となって、大臣と一緒に同じ議院内の食堂で杯を交わすことになったのかもしれない」。(Camus, "Réflexion sur la guillotine," p. 155 [『ギロチン』52-53頁])

このような一節にはカミュの立ち位置の難しさ、複雑さが図らずも露呈している。同時に、当時の文脈における彼の死刑廃止論の戦略的意図を正確に見極めることはかならずしも容易でないことにも注意したい。ちなみにこの「大臣」とはまたしてもフランソワ・ミッテランのことである。

*31 Derrida, Glas (Paris: Galilée, 1974), pp. 95-126.

*32 『犯罪と刑罰』(1764年)でチェーザレ・ベッカリーアはすでに書いていた。

「死刑に対しては、多くの者が(意外と)冷静沈着に向き合うものでである。それは狂信によるのかもしれないし、ずっと人につきまとって墓の中にまでついてくる、あの虚栄心というもののによるのかもしれない。また人によっては、死刑が、自らを生きようとするのをやめさせたり、悲惨な状態から脱却するための最後の絶望的な試みであったりするからかもしれない。[……]」(Cesare Beccaria, Dei delitti e delle pene, in Edizione nazionale delle opere di Cesare Beccaria, 1. ed. Luigi Firpo (Milano: Mediobanca, 1984), p. 90 [『犯罪と刑罰』小谷眞男訳(東京大学出版会、2011年)94頁])

この一節を論評した後、デリダは即興黒で以下の補足を加えている。

「[……]死刑は人を誘惑しうるということです。それはジュネにはあります。これを欲望する者たちがいる。ベッカリーアが警戒しているのはこのことです。これを好きになることができる者たちがいる。それは生のあるあいだだけではない。それに死の生き延び(survie)においても、墓の彼方でこれを欲する者たちが。[……]それにに章びを感じる(cultiver)ことのできる者たち、その魅惑に身をまかすだけでなく、現在においても、また未来において、致死を享楽するために必要なあらゆることをすることができる者たち」。(142/xiv)

*33 Camus, "Réflexion sur la guillotine," p. 135. [『ギロチン』25頁]

*34 1982年の「ベルトラン・ポワロ=デルペッシュとの対話」で、フランスにおける死刑廃止について感想を求められた彼はこう答えている。

「死刑の廃止は私にとっては感慨深いことだ。それは政治的な決定だ。フランスの政治などと知ったことではない。フランスがかかわる南北問題政策をなさねばならないというら、フランスが移民労働者問題や旧植民地問題問にさらに取り組めていないかなどいうはフランスの政治が私の関心を惹くことにはいっさいない。白人の首の落下ろし前なら、つまらぬこと、あまり興味はないが、ころっとと呼ばれていたろう人間と裁判官のあいだの落ちだ前なら、つまらぬことと。(Genet, L'ennemi déclaré, ed. Dichy (Paris: Gallimard, 1991), p. 227 [『公然たる敵』鵜飼哲・梅木達郎・長原豊・岑村傑訳(月曜社、2011年)349頁])

*19 旧体制下で絞首台 (potence, gibet) がすでにそう呼ばれていたように、ギロチン (guillotine) は隠語で「後家」(veuve) と呼ばれた (Jacques Cellard & Alain Rey, *Dictionnaire du français non conventionnel* (Paris: Hachette, 1980), p. 828)。ユゴーによるギロチンの女性的表象については『死刑囚』で論じられている (284/269)。「寡婦」でギロチンは、ジュネのギロチン観の「革命的」側面については本稿の最後に若干触れるが、『死刑囚』におけるデリダのユゴー論と比較しつつ稿をあらためて検討する必要があるだろう。

*20 Camus, "Réflexion sur la guillotine," in Camus & Arthur Koestler, *Réflexions sur la peine capitale* (Paris: Calmin-Lévy, 1957), p. 121.『ギロチン』杉捷夫・川村克己訳 (紀伊國屋書店、1968年) 5–6頁]

*21 Camus, "Réflexion sur la guillotine," p. 161.『ギロチン』61頁]

*22 Camus, *L'étranger* (Paris: Gallimard [*Folio*"], 1972), p. 167.『異邦人』窪田啓作訳 (新潮社[新潮文庫]、1963年) 138–139頁]

*23 長く修繕主義が支配的だった日本の死刑行政が近年裁判員制度の推進とほぼ同時に示すようになった。刑場や留置施設の部分的な公開に前向きな姿勢には、『死刑の国民化』とも呼ぶべき過程を促進しようとする意図が感じられる。

*24 [ここに幾人かの人が繋がっているのを想像しよう。みな死刑を宣告されている。その幾人かが毎日他の人たちの前で絞されていく。残った者は、自分たちの運命をもその仲間たちと同じであることを悟り、悲しみと絶望のうちに互いに顔を見合わせながら、自分の番がくるのを待っている。これが人間の状態を描いた図なのである]。(Blaise Pascal, *Pensées*, fragment 199 (Brunschvicg) [パンセ] 前田陽一・由木康訳、『世界の名著』第29巻 [パスカル]) (中央公論新社 [中公バックス]、1978年) 155頁])

*25 [しかし人を殺害したのであれば、死ななければならない。こればには正義を満足させるどのような代替物もない]。(Immanuel Kant, *Die Metaphysik der Sitten*, in *Kant's gesammelte Schriften*, 6, ed. Königlich-Preußische Akademie der Wissenschaften (Berlin: Georg Reimer, 1907), p. 333 [『カント全集』第11巻 [人倫の形而上学] 樽井正義ほか訳 (岩波書店、2002年) 180頁]) デリダによるカント死刑論のこの点についての検討はセミネールの二年目に集中的に行われた。

*26 Camus, "Réflexion sur la guillotine," p. 141.『ギロチン』34頁]

*27 Camus, "Réflexion sur la guillotine," p. 146.『ギロチン』40頁]

*28 Camus, "Réflexion sur la guillotine," p. 144.『ギロチン』37頁]

*29 Camus, "Réflexion sur la guillotine," p. 170.『ギロチン』74頁]

*30 ここで「ギロチンに関する省察」が1957年、すなわちアルジェリアで政治的な死刑が頻繁を極めていたまさにその時期に発表されたことにあらためて注目しなければならない、この戦争中に死刑に処せられた唯一のフランス人、フェルナン・イヴトンの死について、カミュは次のように書いている。「時代の偶然性に地域的な偶然性が加わって、死刑の普遍性な虚妄性はますます浮きあがってかのである。最近アルジェリアで、ある工場の更衣室に爆弾を発見される前に発見されたが、彼はその行為にかかわらず唯一のフランス人の共産党員の労働者が、ギロチンにかけられた事件があったが、彼はその行為に

註記［第1章］

*14　アルジェリア戦争はフランスが事態を「戦争」と認めなかったため、解放戦線の闘士はすべて戦闘員ではなく犯罪者として通常の用法による処罰の対象とされた。独立戦争中の死刑の適用については以下のサイトにまとめられている。〈http://histoirecoloniale.net/la-guillotine-et-la-guerre-d.html〉

1957年にアルジェリア共産党の武装組織のメンバーとして死刑を宣言され、戦争終結後に恩赦を受け釈放されたフェルナン・イヴトンは、独立運動家の最初の死刑執行の際のアラブ民衆の反応について証言している。「アルジェのバルフィール・ゲルーは、独立運動家としても生きました。女たちはただ泣に叫びを上げ、刑務所の二十人の囚人たちは飯盒と匙で録音を叩いたのです。カスバへの全住民が死刑執行が自分の肉体的な経験としても生きました。誰もがまた、今度はみな全面戦争のただなかにいることを理解したのです」。

*15　Derrida, "Responsabilité et hospitalité," in Mohammed Seffahi, ed., Manifeste pour l'hospitalité (Grigny: Parole d'aube, 1999), pp. 111–124.

*16　Benoît Peeters, Derrida (Paris: Flammarion, 2010), p. 101［『デリダ伝』原宏之・大森晋輔訳（白水社、2014年）102頁］参照。

*17　周知のようにデリダはアルジェリアのユダヤ教徒の家庭に生まれた。彼の姓はイスラームに化したアラブ人の北アフリカ侵攻以前のベルベル人の最古の部族の一つ、Derraderに由来するという説もある（Mohammed Dib, L'arbre à dires (Paris: Albin Michel, 1998), pp. 33–34）。デリダが最後のインタヴューで想起しているように、アルジェリアのユダヤ教徒は植民地化の初期にはムスリムとともに「原住民」というカテゴリーに分類されていたが、1870年のクレミュー令によってフランス人と同等の市民権を付与されて後、ヨーロッパ系植民者社会に急速に同化されていった（Derrida, Apprendre à vivre enfin (Paris: Galilée, 2005), pp. 36–37［『生きることを学ぶ、終に』鵜飼哲訳（みすず書房、2005年）39–40頁］）。その結果、アルジェリアの独立に際し、デリダ家も含む大半のユダヤ教徒は故郷喪失を経験することになる。アルジェリア戦争期のデリダの立場については、著者ピエール・ノラ宛の彼の書簡 "Mon cher Nora..." (1961) (pp. 271–299) を緻密に検討しなければならない。とりわけノラによるカミュ批判への異論が詳細に展開されている終わり近くの数頁は、死刑論のカミュ論と対比して読まれるべきだろう。

*18　Cf. Caroline Sheaffer-Jones, "Effects of 'Phantasmatic Truth': On the Reading of Albert Camus in Jacques Derrida's the Death Penalty Seminars," Parrhesia, 26 (Melbourne: Melbourne School of Continental Philosophy, 2016), pp. 176–193.

「シーシュポスの神話」の以下の一節でカミュが自殺者に死刑囚をも対置していることは、第9節で検討するデリダの議論との関連で重要である。「不条理とは死を意識しつつ同時に死を拒否することにとどというない限りにおいて、不条理は目殺を目から逃れ出てしまうのだ。死刑囚の脳裏をよぎる最後の思考がきりぎりの極限点にいたり、めくるめく死への転落かいまにも起ころうとするまさにその直前の地点で（au bord même de sa chute vertigineuse）、しかもなおかれが数々メールの前方に眼にするる靴権、不条理とはそれだ。目殺者の正反対のもの、まさにそれが死刑囚である」。(Albert Camus, Le mythe de Sisyphe (Paris: Gallimard ["Folio"], 1985), p. 79［『シーシュポスの神話』清水徹訳（新潮社［新潮文庫］、1969年）80頁］)

*5 Albert Dichy, "Genet, écrivain ?," *Europe*, no. 808–809 (Paris: Denoël, August-September 1996, p. 4. は［同内容の文章が依頼原稿の翻訳として日本語で発表されている。アルベール・ディシィ「ジャン・ジュネの戦争」鵜飼哲訳、『ユリイカ』第24巻、第6号（青土社、1992年6月）167–169頁。

*6 ［ヨハネによる福音書］20:5-7.『聖書』新共同訳（日本聖書協会、1987年）（新）242頁。

*7 Genet, *Notre-Dame-des-Fleurs*, pp. 10–11.

*8 現在デリダによる「赦し」論として知られている作業はこのセミネールに先行する数年間に行われ、そこでは主として政治的暴力の被害者あるいはその親族の立場から「赦し」の問いが考察された。以下を参照。Derrida, "Le siècle et le pardon," *Le monde des débats*, no. 9 (Paris: Le monde, December 1999), pp. 10–17.［『世紀と赦し』鵜飼哲訳、『現代思想』第28巻、第13号（青土社、2000年11月）89–109頁］*Pardonner: L'impardonnable et l'imprescriptible* (Paris: Galilée, 2012).［『赦すこと 赦し得ぬものと時効にかかり得ぬもの』守中高明訳（未來社、2015年）］それに対して死刑のセミネールでは、「有罪の者、被告人、あるいは有罪と推定される者には死によって科される死」が課題となる。罪人が「赦し」を求めるとはどのようなことか。セミネールがそれによって「始まる」ジュネからの引用はこの問いに対応している。

*9 ─［中略］の厳石に心臓を突き沈める天使が
大理石がはじる鎧首の円柱が
私の夜 (ma nuit) に届く、非常に扉の数々を（Genet, "Le condamné à mort," in *Poèmes* (Décines: L'Arbalète, 1948), p. 9.［「死刑囚」平井啓之ほか訳、『ジャン・ジュネ全集』第3巻（新潮社、1967年）5頁］

*10 「［……］独は部屋に入ってきていた。彼女は今もこの騙がしい夜からやってきたのだろうか。それとも、どこへいくともしらずに歩いている。あの凍った夜からきたのだろうか。［……］私よりも若いいまで、この親密な──家族的な？──仕草のあいだ、ハムザの居である彼女は私の母だった。私の部屋の扉が開き、そして閉じたのは、私個人用の、携帯用のあの夜のことだった。［……］」(Genet, *Un captif amoureux* (Paris: Gallimard, 1986), pp. 230–231.［『恋する虜 パレスチナへの旅』鵜飼哲・海老坂武訳（人文書院、1993年）262–263頁］)

*11 Derrida, "Les fins de l'homme," in *Marges*, pp. 129–164.［「人間の目的＝終わり」、『哲学の余白』上巻、高橋允昭・藤本一勇訳（法政大学出版局、2007年）197–237頁］

*12 これはデリダも参加した国連主催の「第1回死刑廃止世界会議」（ストラスブール、2001年6月）におけるジャンデールの基調講演のタイトルである。

*13 両者の関係については Edmund White, *Genet* (London: Picador, 1994), p. 353.［『ジュネ伝』上巻、鵜飼哲・根岸徹郎・荒木敦訳（河出書房新社、2003年）366–367頁］参照、ジュネが累犯によって終身刑を宣告される恐れがあったとき、コクトーがかれらの連名の呼びかけをおこなった作家・知識人による共和国大統領の恩赦の請願が行なわれたことはよく知られている。カミュはこのとき署名を出仕した二人の文学者の一人だった。

[註記]

第1章

*1 Jacques Derrida, *Séminaire La peine de mort: Volume I (1999-2000)*, ed. Geoffrey Bennington, Marc Crépon & Thomas Dutoit (Paris: Galilée, 2012). [『死刑I』, 高桑和巳訳 (白水社, 2017年)] 以下同書への参照は、本文中に (原著頁数/日本語訳頁数) のかたちで示す。翻訳には行論の必要上適宜変更を加えることも、もしくは私訳を用いることがあるが、煩瑣にわたるため一々註記することははしない。他の文献についても同じ扱いとする。

*2 Derrida, "La mythologie blanche," in *Marges – de la philosophie* (Paris: Minuit, 1972), pp. 247-324. [『白い神話』, 『哲学の余白』下巻, 藤本一勇訳 (法政大学出版局, 2008年) 83-171頁] "Événement signature contexte," in *Marges*, pp. 365-393. [『署名 出来事 コンテクスト』, 『哲学の余白』下巻, 227-268頁] "Hors livre," in *La dissémination* (Paris: Seuil, 1972), pp. 7-67. [『書物外』, 『散種』藤本一勇・立花史・郷原佳以訳 (法政大学出版局, 2013年) 1-90頁]

*3 Jean Genet, *Notre-Dame-des-Fleurs* (Décines: L'Arbalète, 1948), p. 9.

*4 Pierre-Marie Héron, art. "Weidmann, Eugen," in Marie-Claude Hubert, ed., *Dictionnaire Jean Genet* (Paris: Honoré Champion, 2014), p. 690. ヴァイトマンに関しては他に René Reouven, *Dictionnaire des assassins* (Paris: Denoël, 1986), pp. 384-385 も参照。小説の形を取った近年の評伝として Michel Ferracci-Porri, *Beaux Ténèbres: La pulsion du mal d'Eugène Weidmann* (Nantes: Éditions Normant, 2008) がある。近隣のアパルトマンから8ミリカメラで撮影されたヴァイトマンの死刑執行の映像は YouTube に公開されている。

ヨ
横山真一
吉松覚 xxvii

ヨセフ（アリマタヤの）Joseph ab Arimathea 38
ヨハネ＝パウロ2世 Johannes-Paulus II 82

ラ
ラートブルッフ、グスタフ Gustav Radbruch xxv
ライク、テオドール Theodor Reik 68, 166, 175, 199, xxiii
ライター、ブライアン Brian Leiter xv-xvi
ラカン、ジャック Jacques Lacan 15, 174-175, 198

ル
ルイ16世 Louis XVI 90
ルー、マリ＝オード Marie-Aude Roux xii
ルーヴェン、ルネ René Rouven vi
ルソー、ジャン＝ジャック Jean-Jacques Rousseau 15, 48-49, 170-171, 175, 198, 210, xxiv

ルター、マルティン Martin Luther 162
ルディネスコ、エリザベート Élisabeth Roudinesco 170, 185, xvii-xviii, xx, xxii

レ
レヴィナス、エマニュエル Emmanuel Levinas 62, 143, 174, 198
レー、アラン Alain Rey ix
レオナルド・ダ・ヴィンチ Leonardo da Vinci 223

ロ
ロートレアモン伯爵 le Comte de Lautréamont 31
ロッテンバーグ、エリザベス Elizabeth Rottenberg xxi
ロベスピエール、マクシミリアン Maximilien Robespierre 90-91

ワ
ワーズワス、ウィリアム William Wordsworth 69, 194

マナコルダ、ステーファノ Stefano Manacorda xviii, xxi
マラ、ジャン=ポール Jean-Paul Marat 91
マリア（イエスの母）Maria 57
マリア（マグダラの）Maria Magdalena 57
マルクス、カール Karl Marx 15, 31, 87, 175

三浦安太郎 216, xxvi
ミッテラン、フランソワ François Mitterrand 45, 50-51, x
峰尾節堂 xxvi
宮下太吉 215, xxvi

メイ、サイモン Simon May xv
明治天皇 215-216
メルクル、アドルフ Adolf Merkl xxv
メルル、ジャン=クリストフ Jean-Christophe Merle xvi
免田栄 188
メンドーサ=デ・ベスース、ロナルド Ronald Mendoza-de Jesús xxi

モーセ Moses 210-211
モノ、ジャン=クロード Jean-Claude Monod 186, xxii-xxiii
森近運平 xxvi
守中高明 22
森山真弓 11
モロ=ジャッフェリ、ヴァンサン・ド Vincent de Moro-Giafferi 34
モンテーニュ、ミシェル・ド Michel de Montaigne 15, 175

山泉進 xxvi

ユゴー、アデル Adèle Hugo xii
ユゴー、ヴィクトール Victor Hugo 15, 48, 52, 71-75, 80-81, 83-97, 111, 130, 133, 135, 141-143, 145-147, 149-152, 167, 175-176, 179, 181-183, 193-194, 201, ix, xii-xiv, xviii
ユゴー、シャルル Charles Hugo 92, xiii
ユルバック、ルイ Louis Ulbach 75

フーコー、ミシェル Michel Foucault 15, 43, 55, 188
フェラッチ=ポリ、ミシェル Michel Ferracci-Porri vi
フォイエルバッハ、アンゼルム Anselm Feuerbach 211, xxv
福島瑞穂 188
藤田八郎 227
布施勇如 xxviii-xxix
ブッシュ、ジョージ・W George W. Bush 46
プラトン Platón 15, 18, 48, 132, 170, 173, 201-202, 208, xxiv
ブランショ、モーリス Maurice Blanchot 15, 25, 135, 138-139, 155, 175, 194
古河力作 215, xxvi
フロイト、ジークムント Sigmund Freud 68, 110, 166, 175, 199
ブロッホ、マルク Marc Bloch 67

平成天皇（今上）219-220
ヘーゲル、G・W・F G. W. F. Hegel 31, 37, 59, 150, 155, 170
ペータース、ブノワ Benoît Peeters 52, viii
ヘグルント、マルティン Martin Hägglund xxii
ベスラー、ジョン・D John D. Bessler xxviii
ベッカリーア、チェーザレ Cesare Beccaria 15, 93, 134, 146, 148, 150, 175, 181-183, 213, x, xxv-xxvi
ヘッフェ、オトフリート Otfried Höffe xvi
ベニントン、ジェフリー Geoffrey Bennington 22, 184, xvii, xxii
ベンヤミン、ヴァルター Walter Benjamin 69, 136-137, 139, 141, 150, 175, 177, xviii, xxi

ボーヴォワール、シモーヌ・ド Simone de Beauvoir xiii
ボードレール、シャルル Charles Baudelaire 15, 69, 87, 110-111, 113, 135, 152, 175-176, 181, 194
ホワイト、エドマンド Edmund White vii
ボンタン、ロジェ Roger Bontems 76, 78, 94-95, 194

マクヴェイ、ティモシー Timothy McVeigh 188
増田一夫 24
松尾卯一太 xxvi
松葉祥一 22
松室致 216
松本智津夫 →麻原彰晃

人名索引

タ

ダーウィン、チャールズ Charles Darwin 165–166
大正天皇（皇太子の時期）216
高木顕明 xxvi
高桑和巳 22
高橋克也 218
高橋新哉 22
武田九平 216, xxvi
田中伸尚 xxvi
タプナー、ジョン=チャールズ John-Charles Tapner 85
ダミアン、ロベール=フランソワ Robert-François Damiens 43
田附重光 xxv
ダントン、ジョルジュ・ジャック Georges Jacques Danton 91

ツ

土谷正実 xxxvii
鶴文一郎 216

デ

ディシィ、アルベール Albert Dichy 35, vii
ディブ、モハメド Mohammed Dib viii
デカルト、ルネ René Descartes 174, 198
デュマ、アレクサンドル Alexandre Dumas 72

ト

徳川吉宗 xxix
所一彦 xxxv
ドヌーヴ、カトリーヌ Catherine Deneuve 189
ドノソ・コルテス、ファン Juan Donoso Cortés 175, 177–178, 182, xx–xxi
ド・メーストル、ジョゼフ Joseph de Maistre 82, xiii
豊田亨 xxxvii
トランプ、ドナルド Donald Trump 206
ドリヨン、ジャック Jacques Drillon xii
トルケマダ、トマス・デ Tomás de Torquemada 83

ナ

ナース、マイケル Michael Naas 190, xxii
中川智正 xxvii
ナポレオン・ボナパルト Napoléon Bonaparte 73
成石勘三郎 xxvii
成石平四郎 xxvi
ナンシー、ジャン=リュック Jean-Luc Nancy 180, xxi

ニ

ニーチェ、フリードリヒ Friedrich Nietzsche 15, 24, 87, 99–108, 110–121, 123–126, 139, 163–166, 175–178, 182, 194, xv–xviii
新美卯一郎 xxvi
新實智光 216, xxvi
新村善兵衛 xxvii
新村忠雄 215, xxvi
ニコデモ Nicodemus 38
新田融 216, xxvi

ノ

ノラ、ピエール Pierre Nora viii

ハ

ハイデガー、マルティン Martin Heidegger 62, 99, 166, 173–175, 198
端本悟 xxvii
パスカル、ブレーズ Blaise Pascal 63, ix
バダンテール、ロベール Robert Badinter 15, 48, 50, 72–74, 76–80, 94–96, 175, 181, 183, 188–190, 194–195, vii, xii, xiv
ハッラージュ、マンスール・アル= Mansūr al-Hallāj 31, 37, 42, 47, 70, 201, 208
浜井浩一 xxx
早川紀代秀 xxx
林泰男 xxvii
原田正治 188
バルブザ、オルガ Olga Barbezat 34
バルブザ、マルク Marc Barbezat 34
バンヴェニスト、エミール Émile Benveniste 175

ヒ

土方透 xv
ビュフェ、クロード Claude Buffet 76, 79, 194
平田信 218
平沼騏一郎 xxvii
広瀬健一 216
ビン・ラーディン、ウサーマ Usāma bin Lādin 224

フ

フィロネンコ、アレクシ Alexis Philonenko 153

カ

加藤之敬　xv
カフカ、フランツ　Franz Kafka　175
上川陽子　218, 223
カミュ、アルベール　Albert Camus　15, 45, 48–55, 57–59, 61, 63–68, 133, 175, 182, 192, 194, vii–x
カムフ、ペギー　Peggy Kamuf　172, xx
河村又介　227
神崎繁　xxvi
カント、イマヌエル　Immanuel Kant　15, 63–64, 101, 106, 108–113, 115–116, 118–121, 125, 134, 137–141, 146–167, 170, 174–178, 181–184, 195, 198, 200–201, ix, xviii–xix, xxi, xxiii–xxiv
菅野スガ　215–216, xxvi

キ

菊地直子　218
木下誠　vii
木村竜二　212, 221, xxv, xxvii
ギヨタン、ジョセフ=イニャス　Joseph-Ignace Guillotin　15, 62, 75, 175

ク

草野豹一郎　xxv
クリントン、ビル　Bill Clinton　46
クレポン、マルク　Marc Crépon　96, 193–194, xiv, xviii, xxi, xxiii

ケ

ゲアハルト、フォルカー　Volker Gerhardt　xvi
ゲルージ、アブデルカディール　Abdelkader Guerroudj　viii
ケルゼン、ハンス　Hans Kelsen　xxiv

コ

幸徳秋水 (伝次郎)　215–216, xxvi
郷原佳以　22, 25, xxi, xxiii
コクトー、ジャン　Jean Cocteau　33, vii
小松丑治　216, xxvi
小山松吉　216

サ

斎藤道一　xxvii
坂本清馬　xxvi

崎久保誓一　xxvi
佐々木道元　xxvi
左藤恵　220
佐藤嘉幸　xxi
サルトル、ジャン=ポール　Jean-Paul Sartre　45, 52, vii

シ

椎橋隆幸　xvii
シール、ボビー　Bobby Seale　xi
シェーファー=ジョーンズ、キャロライン　Caroline Sheaffer-Jones　viii
シェリー、パーシー・ビッシュ　Percy Bysshe Shelley　133, 194
ジビエ、アンリ　Henri Gibier　xii
鳥保　227
ジャクソン、ジョージ　George Jackson　xi
シャハト、リチャード　Richard Schacht　xvi
初宿正典　xxv
シャトーブリアン、フランソワ=ルネ・ド　François-René de Chateaubriand　92
ジャンヌ・ダルク　Jeanne d'Arc　31, 37, 42, 47–48, 201, 208
シュテークマイヤー、ヴェルナー　Werner Stegmaier　xv
ジュネ、ジャン　Jean Genet　15, 23, 30–31, 33–40, 42–43, 45, 49–50, 52, 55, 66–70, 135, 175, 194–196, vi–vii, ix–xi
シュミット、カール　Carl Schmitt　15, 136–138, 158, 175–178, 181–185, 192, 195, xvi, xviii, xx–xxii, xxv
シュラキ、アンドレ　André Chouraqui　143, 162
昭和天皇　220
ショーペンハウアー、アルトゥル　Arthur Schopenhauer　24, 106, 113
シンハバブ、ニール　Neil Sinhababu　xv

ス

スタイカー、キャロル・S　Carol S. Steiker　xxviii
スタイカー、ジョーダン・M　Jordan M. Steiker　xxviii
スピノザ、バルーフ・デ　Baruch de Spinoza　xxii

セ

セジウィック、ピーター・R　Peter R. Sedgwick　xvii
セラール、ジャック　Jacques Cellard　ix

ソ

ソクラテス　Sōkratēs　18, 31, 37, 42, 47–48, 132, 175, 201–202, 208, 213–214, xxiv

[人名索引]

・ジャック・デリダは全体にわたって頻出するため、省いている。
・註も範囲に含め、論文執筆者などを挙げているが、編者、訳者などは省いている。
・本書訳者も、論文などが言及されている箇所については省いている。
・事件、判例、テクストのタイトルなどにも含まれる人名は省いている。

ア

アウグスティヌス Augustinus 198
麻原彰晃（松本智津夫） 205-207, 213, 217-218, 221-224, xxvi-xxviii
アブ＝ジャマール、ムミア Mumia Abu-Jamal 187, 196, xi, xxii
アブラハム Abraham 143, 180
安倍晋三 223
荒木和明 xv
アルベラン、ジャン＝ルイ Jean-Louis Halpérin xviii, xxi
アンセル＝パーソン、キース Keith Ansell-Pearson xvi
アンベール、ジャン Jean Imbert 82, xiii

イ

イヴトン、フェルナン Fernand Iveton ix
イエス・キリスト Jesus 31, 37-39, 41-42, 47-48, 57-58, 72, 78, 80-81, 85, 87-89, 146, 194, 201, 208, 223, xiii-xiv
石塚伸一 25, xxiv-xxv, xxix-xxx
板橋勇仁 xv
伊藤公雄 vii
井上達夫 227
岩松三郎 227

ウ

ヴァーグナー、リヒャルト Richard Wagner 176
ヴァイトマン、オイゲン Eugen Weidmann 32-38, 40-43, 66, vi
ヴィレ、ミシェル Michel Villey 153, xix
ヴェーバー、ヘルムート Hellmuth Weber xxv
ヴォルテール Voltaire 92
ヴォルムス、フレデリック Frédéric Worms 130, 142, xviii
鵜飼哲 23, xi
内山愚童 216, xxvi
梅田孝太 24, xvi

エ

江島泰子 23
江藤信明 xv
エロン、ピエール＝マリ Pierre-Marie Héron vi
遠藤誠一 217, xxviii

オ

大石誠之助 xxvi
大久保歩 xv
大戸雄真 xv
岡崎一明 xxvii
岡林寅松 xxvi
岡本顕一郎 216, xxvi
オクチュリエ、マルグリット Marguerite Aucouturier 53
奥宮健之 xxvi

巻末目次

[人名索引] i

[註記]
第1章 vi
第2章 xii
第3章 xv
第4章 xviii
第5章 xx
第6章 xxiv

［略歴］

編者

高桑和巳｜たかくわ・かずみ
慶應義塾大学理工学部准教授。専門はフランス・イタリア現代思想。著書に『アガンベンの名を借りて』（青弓社、2016年）、編著書に『フーコーの後で』（共編、慶應義塾大学出版会、2007年）、訳書にジャック・デリダ『死刑Ⅰ』（白水社、2017年）、ミシェル・フーコー『安全・領土・人口』（筑摩書房、2007年）、イヴォンヌ・フラン＆ジャン＆ジョー・フラン＆ポワ＆Ｅ・クラウフォルム』（以文社、2003年）、同『思考の潜勢力』（月曜社、2009年）、同『王国と栄光』（青土社、2010年）など。

執筆者

鵜飼哲｜うかい・さとし
一橋大学大学院言語社会研究科特任教授。専門は20世紀フランス文学・思想。

江島泰子｜えじま・やすこ
日本大学法学部教授。専門は19世紀フランス文学。

梅田孝太｜うめだ・こうた
上智大学文学部ほか非常勤講師。専門は19世紀ドイツ哲学。

増田一夫｜ますだ・かずお
東京大学大学院総合文化研究科教授。専門は哲学と地域文化研究（フランス）。

郷原佳以｜ごうはら・かい
東京大学大学院総合文化研究科准教授。専門は20世紀フランス文学・思想。

石塚伸一｜いしづか・しんいち
龍谷大学法学部教授。専門は刑事法学。

＊本書掲載順。なお、略歴詳細は編者「はじめに」を参照。

デリダと死刑を考える

二〇一八年一一月一日印刷
二〇一八年一一月一五日発行

編著者 ◎高桑和巳

執筆者 ◎鵜飼哲、江島泰子、梅田孝夫、増田一夫、郷原佳以、石塚伸一

発行者 及川直志

発行所 株式会社白水社

電話 〇三-三二九一-七八一一（営業部）七八二一（編集部）

住所 ⬚一〇一-〇〇五二 東京都千代田区神田小川町三-二十四

www.hakusuisha.co.jp

振替 〇〇一九〇-五-二三二三二八

印刷所 株式会社三秀舎

製本所 誠製本株式会社

乱丁・落丁本は送料小社負担にてお取り替えいたします。

▷　本書のスキャン、デジタル化等の無断複製は著作権法上での例外を除き禁じられています。
本書を代行業者等の第三者に依頼してスキャンやデジタル化することはたとえ個人や家庭内での利用であっても著作権法上認められておりません。

残酷さ・血・例外
哲学的文学的思想史
死刑論の脱構築=脱主権
テクストから死刑を
主権主義的に読みなおすための概念を、
あらめてゆく。

死刑 I
ジャック・デリダ
講義録

高桑和巳 訳

読みあげながら手繰り寄せ孤
著者晩年の主権と獣生=
千年の政治的な概念の古典的な
主権=哲学的な思想を規定を問い
主権=伝統的な思索多様な
郷原佳以・亀井大輔・
佐藤朋子 訳

獣と主権者 I
ジャック・デリダ
講義録

西山雄二・亀井大輔・
荒金直人・佐藤嘉幸 訳

獣と主権者 II
ジャック・デリダ
講義録

対「生きている世界」を理解
ソンを読みとき、現今の
住まう世界の「支配」
ハイデガーとロビンソン
を同時に、主権という幻想
「脱構築」としての「主権」
愛の動物の作業=うごきの
到来の人間の
達成共通ルー

西山雄二・亀井大輔・
荒金直人・佐藤嘉幸 訳